Theodor und Ang Lee Seifert

Vater und Mutter ehren

Theodor und Ang Lee Seifert

Vater und Mutter ehren

Der Weg zu Autonomie und Lebensglück

Kösel

FSC
Mix
Produktgruppe aus vorbildlich
bewirtschafteten Wäldern und
anderen kontrollierten Herkünften

Zert.-Nr. SGS-COC-1940
www.fsc.org
© 1996 Forest Stewardship Council

Verlagsgruppe Random House
FSC-DEU-0100
Das für dieses Buch verwendete
FSC-zertifizierte Papier *Munken Premium* liefert
Arctic Paper Munkedals AB, Schweden.

Umschlag: Kaselow-Design, München
Umschlagmotiv: getty images, James Porto/George Doyle
Druck und Bindung: GGP Media GmbH, Pößneck
Printed in Germany
ISBN 978-3-466-36755-9

www.koesel.de

Inhalt

Einleitung

Der Leiter des Kösel-Verlages, Winfried Nonhoff, überraschte uns mit der Frage: »Wollen Sie nicht ein Buch über das Vierte Gebot schreiben?« Wir baten uns Bedenkzeit aus. Ein Buch über das Gebot: *Ehre Vater und Mutter, auf dass du lange lebest in dem Lande, das der Herr, dein Gott, dir geben wird*? Ach nein, dachten wir, das ist zu schwierig. Mit diesem Thema können wir uns in ein großes Feld von Nesseln setzen und in viele Fettnäpfchen treten, die überall herumstehen. Gebote, in denen ja immer auch Verbote stecken, sind ein wirklich heißes Pflaster, auf dem man sich die Füße verbrennen kann. Als Eltern wissen wir, wie wenig Gebote nützen, und als Psychotherapeuten wissen wir auch, wie viel Schaden Verbote anrichten können. Und als Kinder, die wir einst waren, sträuben sich uns noch heute alle Nackenhaare, wenn wir an die entsprechenden Reglements denken, die im Elternhaus, in der Schule und im Religionsunterricht aufgestellt waren. Nein, danke, so ein heißes Thema lieber nicht.

Doch dann – plötzlich, ganz unerwartet – tauchte Mose auf. Die Gestalt des Mannes, der vor ca. 3000 Jahren die Gesetzestafeln mit den Zehn Geboten – zu denen ja das Vierte gehört – von Gott in Empfang genommen hat, stand auf einmal vor unserem inneren Auge. Die Energie, die von diesem Bild ausging, erfasste und durchströmte uns. Natürlich schauten wir gleich bei Sigmund Freud nach, der sich mit der Gestalt des Mose gründlich auseinandergesetzt hatte. Wir lasen mit Spannung

Freuds Arbeiten *Der Mann Mose und die monotheistische Religion* sowie *Der Mose des Michelangelo*. In der von Freud brillant geschriebenen Analyse der Gestaltung des Mose durch Michelangelo berührten uns zwei Sätze besonders:

»Er hat das Motiv der zerbrochenen Gesetzestafeln umgearbeitet, er lässt sie nicht durch den Zorn Moses' zerbrechen, sondern diesen Zorn durch die Drohung, dass sie zerbrechen könnten, beschwichtigen oder wenigstens auf dem Wege zur Handlung hemmen. Damit hat er etwas Neues, Übermenschliches in die Figur des Mose gelegt, und die gewaltige Körpermasse und kraftstrotzende Muskulatur der Gestalt wird nur zum leiblichen Ausdrucksmittel für die höchste psychische Leistung, die einem Menschen möglich ist, für das Niederringen der eigenen Leidenschaft zugunsten und im Auftrag einer Bestimmung, der man sich geweiht hat.«[1]

Uns wurde bei dieser Überlegung Freuds klar: Es geht darum, wieder und wieder, so oft wie möglich, das aufzuzeigen, was wichtig und nötig ist, um das Bewusstsein der Menschen, vor allem das ethische Bewusstsein, zu klären und zu stärken. Also, was sollen da Nesseln, Fettnäpfchen und heiße Steine, lassen wir uns doch einfach einmal auf diese – vielleicht unmögliche – Aufgabe ein und schauen, was dabei herauskommt. Vielleicht können wir einen kleinen Beitrag zur Erhellung des Vierten Gebots leisten, vielleicht ist es uns möglich, einigen Menschen dabei zu helfen, sich diesem Gebot wieder anzunähern, vielleicht Frieden zu finden mit den Eltern, den eigenen Familienverband neu schätzen zu lernen oder Verständnis aufzubringen für die Menschen, denen eine problemlose Eltern-Kind-Beziehung versagt geblieben ist.
Nachdem unser Entschluss, das Buch zu schreiben, gefasst war, haben wir uns nicht nur in der Literatur über dieses Thema kundig gemacht, wir suchten vor allem Gespräche mit Menschen, die sich ebenfalls Gedanken zu ethischen Fragen machen. Besonders wichtig sind uns jene Gespräche geworden, die

wir mit gläubigen Juden führen konnten, die uns versicherten, dass für sie und, soweit sie es beurteilen können, für die meisten Menschen ihres Volkes und ihrer Religion die Beziehung zu den Eltern stets hohe Priorität hatte und hat. Wir sprachen aber auch mit unseren eigenen Kindern und Enkeln, mit Freunden, Kollegen und Nachbarn. Sie alle sind der Ansicht, dass Reflexionen über das Vierte Gebot gerade in unserer heutigen Zeit von hoher Bedeutung seien.

Wir danken allen unseren engagierten Gesprächspartnern. Erwähnen möchten wir in Vertretung für die vielen: Cathrin Rétz, Jetti und Arno Fern, Shelley Kraft-Hanak und Sinhá Waiblinger.

Last but not least jedoch gilt unser besonderer Dank Herrn Nonhoff, der an uns diese – ›unmögliche‹ – Anfrage richtete.

Ang Lee Seifert *Theodor Seifert*

Am Anfang ist die Eltern-Kind-Beziehung – Grundmuster des Lebens

Ohne Kind gibt es keine Mutter und keinen Vater, ohne Mutter und Vater kein Kind. Diese Beziehung – für das Kind ist es die erste seines Lebens und von daher auch die wichtigste – ist so bedeutsam, dass sie die daran Beteiligten ein Leben lang beschäftigt. Nicht jede Frau wird Mutter, nicht jeder Mann Vater, doch jeder Mensch wurde von einem Mann gezeugt und von einer Frau geboren. Selbst wenn jemand die leibliche Mutter und/oder den leiblichen Vater nicht kennt, weil er oder sie gleich nach der Geburt weggegeben wurde, die Frage nach den Eltern steht im zentralen Mittelpunkt des Lebens. Schließlich bestimmen die Gene von Mutter und Vater und deren Eltern sowie einer ganzen Reihe von Vorfahren nicht nur unser Äußeres, sondern auch in vielen Bereichen unser Denken, Fühlen und Handeln, unsere Begabungen und Fähigkeiten, Ansichten und Einstellungen, also unser ganzes So-geartet-Sein. Jeder Mensch wird sich also, wenn er sich mit seiner Person und seinem Schicksal auseinandersetzt, fragen: »Wer und wie sind und waren meine Eltern, von wem stamme ich ab, was geschieht und geschah in meiner Familie?« Und weiterhin fragt sich ein an sich selbst und seinen Verhaltensweisen interessierter Mensch: »Wie kam es, dass ich so geworden bin, wie ich mich heute erlebe?« Und vielleicht auch noch: »Ist es gut, wie es war und wie es ist?« Begeben wir uns also auf eine Reise in die Vergangenheit.

Noch herrscht Sonnenschein

Im vergangenen Jahr waren wir im Urlaub in Portugal. Wir genossen die noch nicht so heiße Frühjahrssonne, den herrlichen weißen Sandstrand und das tiefblaue Meer. Und wir schauten den Kindern zu, die im Wasser planschten oder im Sand gruben, kleine Wassergräben zogen und Muscheln zum Verzieren ihrer Sandkunstwerke sammelten. Auch den Eltern der Kleinen sahen wir zu, wie sie – mehr oder weniger ständig – mit ihren Kindern beschäftigt waren, dort ein Näschen putzten, Sand aus dem kleinen Gesicht rieben, ein Höschen wechselten oder Limonade zum Trinken anboten. Die Väter waren oft mit dem Aufblasen von Gummibooten und Schwimmtieren beschäftigt, stellten Sonnenschirme auf oder trugen die kleinen Töchter und Söhne auf ihren Schultern ins Wasser, was diese zu lautem, vergnügtem Jauchzen veranlasste. Wir beobachteten dieses vergnügte Treiben und dachten daran, wie wir einst als Eltern mit unseren Kindern Ähnliches erlebten. Einerseits spürten wir ein wenig Wehmut, dass diese Zeit längst vorbei ist, andererseits waren wir aber doch ganz froh, nicht mehr ständig präsent sein und aufpassen, nicht ununterbrochen ›im Dienst‹ sein zu müssen.

Es ging sehr friedlich zu an diesem Strand, die Kinder schienen alle gute Laune zu haben und die Eltern kümmerten sich liebevoll um ihren Nachwuchs. Alles war eitel Sonnenschein, sowohl am Himmel als auch in der Atmosphäre hier am Strand.

Doch dann drängten sich Gedanken daran auf, was wir in unseren Therapien hören, und an das, was uns die Kolleginnen und Kollegen, die speziell mit Kindern arbeiten, erzählen: Es gibt keinen Sonnenschein, keine gute Laune und oft auch wenig Verständnis der Eltern für ihre Kinder. Lehrerinnen und Lehrer klagen über die zu unterrichtenden Mädchen und Jungen, wobei die Jungen oftmals noch weniger zu bändigen sind als die Mädchen. In Fernsehprogrammen stehen die ›Supernannys‹ als Erziehungsexperten den rat- und hilflosen Eltern zur Seite und für Schulen entwickeln Psychologen und Pädagogen Programme zur aggressionsfreien, zumindest aggressionsarmen Kommunikation. Und wir fragten uns in Portugal am Strand: Was ist geschehen zwischen der Zeit, in der die Kinder mit ihren Eltern so einträchtig zusammen waren, und der Zeit, in der Eltern und Lehrer mit der Erziehung der Kinder nicht mehr fertig werden, sich überfordert fühlen? Wo, an welcher Stelle gibt es den Bruch im Verständnis der beiden Generationen und was verursacht ihn?

Liebe Leserin, lieber Leser, wir möchten Sie hier und da aktiv in die Erarbeitung des komplexen Stoffes mit einbeziehen. Wir bieten Ihnen deshalb immer wieder kleine Überlegungen, Meditationen oder Übungen an – wir schreiben sie kursiv, sodass Sie sie schnell erkennen –, um Ihnen die Gelegenheit zu geben, entsprechende Erfahrungen mit sich selbst zu machen. Wir wollen nämlich nicht nur Ihren Geist, Ihren Verstand und Ihre Vernunft ansprechen, sondern vor allem auch Ihr Herz. Wenn Ihnen allerdings die eine oder andere Übung zu schwerfällt oder ein innerer Widerstand auftaucht, sich darauf einzulassen, dann zwingen Sie sich nicht dazu. Die einzelne Seele weiß immer am besten, was in der Situation, in der sich der- oder diejenige gerade befindet, bekömmlich ist und was nicht.

Wenn Sie sich jetzt einmal diese Frage genauer anschauen als Mutter, Vater mit Ihren entsprechenden Erfahrungen oder – das waren Sie alle – als Kind mit dem, was Sie damals von Ihren Eltern bzw. den in Frage kommenden Autoritätspersonen erlebt haben, was fällt Ihnen dann ein und auf?

Zu Beginn ihres Lebens sind die kleinen Mädchen und Jungen ganz auf die Eltern angewiesen, sie tragen deren Erbanlagen in sich und werden geprägt von den elterlichen Vorstellungen und Idealen. Mutter und Vater lieben ihre Kleinen – meistens zumindest. Die ältere und die jüngere Generation bieten zu Beginn das Bild von ›ein Herz und eine Seele‹. Man kann beobachten, dass junge Eltern ihre Kinder gerne in oder auf den Arm nehmen, sie an sich drücken, mit ihnen schmusen, sie liebevoll ein wenig in die Luft werfen, sodass die Kleinen lustvoll quietschen; wie stolz und zufrieden kleine Mädchen und Jungen an der Hand zwischen Vater und Mutter ihre ersten Schritte wagen; wie glücklich sie zuhören, wenn Mama oder Papa die geliebte ›Zu-Bett-gehen-Geschichte‹ zum hundertsten Mal vorliest und dabei stets an denselben Stellen die Stimme nuanciert und mit entsprechenden Gesten unterstreicht. »Morgens um sieben ist die Welt noch in Ordnung«, lautet der Titel eines bezaubernden Buches von Eric Malpass. Wir können sagen: »Zu Beginn des Lebens ist die Welt noch in Ordnung.« Zumindest in den meisten Familien. Wobei uns die nicht so ideale Situation allein erziehender Mütter (oder auch Väter) und der Zustand zerrütteter Familien durchaus bewusst ist. Doch darüber schreiben wir später.

Oder täuscht das Bild des frühen Friedens? Sind sie nicht wirklich glücklich miteinander, sondern sieht es nur so aus? Weil Eltern sich zusammennehmen, um gute Mütter und Väter zu sein, und Kinder auf die Liebe und Fürsorge angewiesen sind und sich deshalb ihren Eltern ›unterwerfen‹? Und später bricht sich dann in den jungen Menschen immer mehr das individuell Angelegte Bahn und sie grenzen sich deshalb von den ›Alten‹ ab? Aber warum eigentlich? Wieso kann die individuelle Entwicklung des Kindes nicht mit gegenseitigem Respekt, in liebevollem Verständnis füreinander einhergehen?

Wir wollen jedoch nicht ungerecht sein, nicht in Bausch und Bogen die Eltern-Kind-Beziehung kritisieren. In vielen Fällen bleibt nämlich das respekt- und liebevolle Band zwischen den Generationen durchaus erhalten. Unserer Beobachtung nach sind dies allerdings eher die Ausnahmen. Was also läuft schief in der Eltern-Kind-Beziehung, sodass an deren Ende manche erwachsenen Töchter und Söhne sich sogar weigern, am Totenbett von Vater oder Mutter Abschied zu nehmen, und schon gar nicht Frieden mit ihnen schließen?

›Ganz die Mama‹ – ›ganz der Papa‹?

Beginnen wir noch einmal von vorne: Die junge Mutter hält glücklich ihr Kind im Arm, der junge Vater erzählt stolz, dass sein Sohn oder seine Tochter schon ›Papa‹ sagen kann. Das ist die Zeit, in der es um ›mein‹ Kind geht. Dieses kleine Wesen ist aus ›mir‹ hervorgegangen, es ist ›mein‹ Produkt, es ist ein Stück von ›mir‹. Das heißt, es ist in der – wohl meist unbewussten – Vorstellung der Mutter und des Vaters ›mein Eigenes‹, es wird nicht wirklich als getrenntes, selbstständiges Wesen erlebt. So wie der Säugling auch zunächst nicht zwischen sich selbst und dem anderen unterscheiden kann, sondern noch ganz eingebunden ist in die Symbiose mit der Person, die ihn hauptsächlich versorgt. Es herrscht also ein starker Selbstbezug in der Eltern-Kind-Beziehung. Die Unterscheidung, dass es sich um verschiedene Individuen handelt, ist zu diesem frühen Zeitpunkt nicht wirklich vollzogen. Es ist ja auch so verführerisch, in der kleinen Tochter sich selbst als das kleine Mädchen, das die Mutter damals war, oder als Vater im Sohn den kleinen Jungen in seinem damaligen Sein zu erleben. Mutter und Vater lieben also auch sich selbst in ihrem Nachwuchs. Was normal und gut ist, denn die Selbstliebe ist in unserer Kultur viel zu wenig ausgeprägt. Dabei stellt sie die Grundlage dar für die Fähigkeit, andere zu lieben. So gesehen ist die Mutter- oder Vater-Kind-Symbiose förderlich für die Liebe überhaupt.
Demnach scheint es ganz natürlich, dass Kinder ihren Eltern, wenn sie dann erwachsen werden, ehrerbietig begegnen. Weil die Tatsache, dass da ein ganz anderes Wesen – wenn auch von der Mutter geboren oder vom Vater gezeugt – heranwächst, das nur zum Teil Ähnlichkeiten mit den Eltern hat, in den meisten

Fällen aus dem Bewusstsein von Mutter und Vater ausgespart bleibt. So selbstverständlich die innige Verbindung, die Symbiose, am Anfang des Lebens ist, so schwierig gestaltet sie sich allerdings, wenn sie sich nicht im Laufe der nächsten Zeit differenziert, wenn also keine Unterscheidung von den Eltern zwischen sich und dem sich entwickelnden Kind gemacht wird. Je älter der junge Mensch wird, desto mehr entfalten sich seine individuellen Anlagen und dies führt sehr oft zu den ersten Kontroversen zwischen Eltern und Kind. Wenn nämlich Mutter und Vater sehen, dass das Kind Eigenheiten zeigt, die sie von sich nicht kennen oder die sie gar an sich ablehnen, reagieren sie zunächst irritiert, nehmen unbewusst innerlich ein wenig Abstand zu dem ›Fremden‹, das ihnen begegnet, und fangen dann an, das Kind zu erziehen, das heißt auf *ihre* Linie zu bringen. Erziehung an und für sich ist nichts Schlechtes, solange sie sich darauf bezieht, dem Kind zu vermitteln, wie es sich und die anderen achtet, sich und die anderen fördert und schützt. Doch wenn es darum geht, die Eigenwilligkeiten des Kindes zu unterdrücken und es so zu ›verbiegen‹, dass es besser zur Lebensauffassung der Eltern passt als zu seinem eigenen Geartetsein, wird nicht nur das Selbstbewusstsein des jungen Menschen beschädigt, sondern auch sein Vertrauen in die Eltern und in das Leben überhaupt erschüttert. Dann nistet sich im Kind die Vorstellung ein, dass es so, wie es ist, nicht richtig ist und die entsprechenden, diese Vorstellung begleitenden Gefühle sind Traurigkeit, Unsicherheit, manchmal auch Wut und Auflehnung. Das kann bis hin zu seelischen und/oder auch körperlichen Erkrankungen führen. Auf alle Fälle ist das Eltern-Kind-Verhältnis grundsätzlich und tief greifend gestört, das so notwendige ›Urvertrauen‹ nicht hergestellt. Die ersten kleineren oder auch schon massiveren Feindseligkeiten stellen sich ein. Kommen dann noch Geschwisterrivalitäten hinzu – die großen Kinder fühlen sich durch die Geburt eines Geschwisters ›entthront‹, die kleinen erleben, dass vor ihnen schon immer jemand da war, dass sie

nie die ersten sein können –, wird das Vertrauen in die Eltern erneut erschüttert.
In dieser Situation kann sich erstmals die viele Menschen ein Leben lang begleitende Frage stellen, ob Vater und Mutter nicht meine Geschwister mehr lieben als mich? In der Regel ist es nicht schwierig, Beweise dafür zu finden, dass Schwester oder Bruder vorgezogen werden. Das kann zu Spannungen führen, die nicht mehr rückgängig gemacht werden können. Dann wird es besonders schwierig, Vater oder Mutter zu ehren, die offensichtlich so ungerecht sind und mich in vieler Hinsicht zu benachteiligen scheinen.
Ein dritter, schädigender Faktor der Beziehung tritt darüber hinaus ein, wenn Kinder erleben, dass Vater und Mutter sich nicht mehr verstehen, viel und heftig miteinander streiten, ohne dass es zur, die Beziehung wieder herstellenden, Versöhnung kommt, oder die beiden gar auseinandergehen. Ein Kind kann und wird sich dann vielleicht auf die Seite des einen oder anderen Elternteils schlagen, seine Zuneigung dem vermeintlich ›schuldigen‹ Elternteil entziehen, doch ist es von beiden zutiefst enttäuscht. Die Kinder meinen dann immer: Wenn Mama und Papa mich wirklich lieben, sind sie glücklich, streiten nicht und trennen sich nicht. Also stimmt wahrscheinlich mit mir etwas nicht, wenn sie uneins miteinander und unglücklich sind. Das Grundgefühl von Selbstunsicherheit und Minderwertigkeit findet man bei allen Kindern und später auch bei den betreffenden Erwachsenen, die eine gestörte Ehe-Beziehung ihrer Eltern erleben bzw. erlebt haben.

Mein Sohn redet nicht mehr mit mir

Wenn die Eltern zu sehr mit sich selbst beschäftigt sind und zu wenig auf die Bedürfnisse ihrer Kinder achten, fühlt das Kind sich ausgeschlossen, es wird innerlich einsam, verschließt sich immer mehr in sich selbst. Oder – je nach Temperament – es rebelliert, stört und zeigt verschiedene Verhaltensauffälligkeiten, die das Ziel haben, die vollständige Aufmerksamkeit von Mutter und Vater auf sich zu ziehen. Was allerdings die gesamte Situation eher verschlechtert als verbessert.

Heute wird in den Medien sehr viel über aufsässige Kinder berichtet, die, wenn sie in die Pubertät kommen, oft öffentlich randalieren oder gewalttätig werden. Die Eltern dieser Jugendlichen fühlen sich hilflos und man kann dann so einen traurigen Satz lesen: »Mein Sohn redet nicht mehr mit mir, er verachtet mich.« Wir fanden diesen Satz in der Stuttgarter Zeitung vom 12. November 2005. Und weiter hieß es: »In den Pariser Vorstädten versuchen Eltern, Lehrer und Sozialarbeiter, die ihnen entglittene Jugend zu erreichen. Das ist schwierig, weil viele Erwachsene und ihre Kinder nicht mehr miteinander reden.«

Diese Gegensatzspannungen gibt es an vielen Orten der Welt, wo offen und zum Teil mit mörderischer Gewalt rebelliert wird. Auf solche Ereignisse sind wir kaum vorbereitet. Erschütternd ist das Ausmaß, die gewaltige Energie, die plötzlich große Gruppen bewegt. Verschärfen dann noch rassistische und religiöse Faktoren derartige Auseinandersetzungen, scheint der Weg unendlich weit, wieder zu einer Ehrerbietung den Eltern gegenüber zu kommen. Dabei ist jedoch zu beobachten, dass gewisse nationale oder auch religiöse Gruppen den eigenen Eltern gegenüber einen ungebrochenen Respekt erweisen, gleichzeitig aber in offener Rebellion gegen die »Elterngeneration« handeln. In Deutschland ist die Studentenbewegung, die 1968 vieles bewegt hat, noch heute gut erinnerlich, es gibt sogar die »68er-Generation«, womit eine große Gruppe von Männern und Frauen gekennzeichnet ist, die damals gegen die »Alten« auf die Straße gegangen sind. Der Satz »traue keinem über 30« deutet an, mit welcher Intensität Konflikte mit der älteren Generation gesucht und geführt worden sind. Die Frage, wo hier die – vorsichtig ausgedrückt – Reste des verinnerlichten Vierten Gebotes bleiben, ist weitgehend offen und wohl noch kaum diskutiert worden. Auch deshalb beschäftigen wir uns hier mit diesem großen Erlebniskomplex. Denn die Eltern sind eben nicht nur lästige alte Leute mit überkommenen Wertvorstellungen, sondern auch verinnerlichte Personen und Kräfte, die unser Leben mehr und nachhaltiger bestimmen, als uns häufig bewusst ist. Da es sich bei der Elternbeziehung um eine das Leben erhaltende und fördernde Ursprungssituation unserer Entwicklung handelt, kann es nicht gleichgültig sein, wie wir uns im Laufe des Lebens den Eltern gegenüber verhalten. Und wir nehmen es hier schon vorweg: Wir tun uns auch selbst etwas an, wenn wir die Eltern nur negativ oder mit Hass erfüllt betrachten, sind sie doch ein Teil von uns. Solch ein negativer Affekt kann uns auch selbst schwer belasten und treffen. Die Psychoanalyse und die Tiefenpsychologie haben diesen Tatbestand mit dem Begriff des Introjekts gekennzeichnet. Damit sind alle mit Elternfiguren verbundenen Erlebnisse verschiedener Art gemeint, die wie selbstständig handelnde Faktoren unser Leben von innen her bestimmen, ob wir uns dessen bewusst sind oder nicht. Diese Situationen sind deswegen so schwierig, weil viele Erwachsene mit ihren Kindern nicht mehr reden – oder die Kinder nicht mehr mit den Eltern sprechen wollen.

Wie kann es zu solchen Beziehungsabbrüchen kommen? Wann beginnen sie? Sicher nicht erst, nachdem die Kinder in die Pubertät gekommen sind. Da muss sich etwas schon sehr viel früher eingeschlichen haben. Wenn man in einer Beziehung nicht mehr miteinander spricht, können Kinder die wunderbaren Möglichkeiten der Sprache nicht kennenlernen. Es heißt dann meist, das Vertrauen hat abgenommen oder ist gar völlig verschwunden. Eltern und Kinder bzw. Jugendliche oder später auch Erwachsene, die vielleicht schon selbst Kinder haben, können sich dann gegenüberstehen wie Fremde, als hätten sie nie etwas miteinander zu tun gehabt, als seien sie nicht durch ein Erbgut verbunden. »Was gehst du mich eigentlich noch an?«, fragen sich die einst so Vertrauten. Es gibt auch die Einstellung, dass Eltern und Kinder sich im Laufe der Jahre sowieso voneinander trennen sollten, dass Verwandtschaft weniger wichtig sei als gute Freundschaft und dass es im Leben immer mehr darum geht, die ›Seelenverwandten‹ zu finden. Was soll man da noch mit den alten Eltern anfangen, deren Werte und Lebensauffassungen schon längst antiquiert sind, nicht mehr für die Realität von heute taugen? Heißt dies, dass die Eltern-Kind-Beziehung eigentlich unbedeutend, nicht wirklich wichtig ist?

So wichtig ist die Eltern-Kind-Beziehung

Bevor wir mit unseren Überlegungen weitergehen, bieten wir Ihnen zunächst eine kleine Meditation an:

Lassen Sie vor Ihren inneren Augen noch einmal die Zeit aufleben, in der Sie sich innig mit Ihren Eltern verbunden fühlten. Was sehen und was fühlen Sie dabei?

Wie wichtig die Eltern-Kind-Beziehung ist, soll folgender Bericht zeigen:

Frau M., die bereits eine lange Psychotherapie hinter sich hat, um ihre schwere Depression, in die sie nach dem Tod ihrer Mutter geraten war, zu überwinden, erzählt von einem Telefonat mit einer Freundin.
»Wir sprachen nach einer einige Monate währenden Pause einmal wieder ganz ausführlich miteinander und erzählten uns, was jetzt im Leben für jede gerade ›dran‹ ist. Sie sagte, dass sie vor dem wohl größten Abenteuer ihres Lebens stehe. Sie habe sich entschlossen, eine Psychoanalyse bei einem bekannten Psychoanalytiker zu absolvieren. Dazu müsse sie in eine andere Stadt ziehen, denn mehrmals in der Woche zu ihm zu gehen, sei von ihrem Wohnort nicht möglich. So löse sie gerade ihre bisherige Wohnung auf, ziehe nächste Woche um. ›Das ist ja spannend‹, sagte ich, ›freust du dich denn auf die nächsten Jahre, in denen du so intensiv mit dir beschäftigt sein wirst?‹ ›Oh ja‹, antwortete sie,

›ich freue mich sogar sehr darauf. Weißt du, der Analytiker, zu dem ich gehe, ist ein so durch und durch freundlicher Mann, ich fühle mich immer willkommen, wenn ich zu ihm gehe.‹

Sie berichtete weiter, dass sie einige Sitzungen mit ihm vereinbart hatte, in denen sie sich gegenseitig ein wenig kennenlernen konnten, um dann zu entscheiden, ob sie miteinander arbeiten wollten. Sie teilte ihm in der letzten Probesitzung mit, dass sie bereit sei, mit ihm zu arbeiten, und nachdem er das seinerseits auch bejaht hatte, fragte er, ob sie gleich einen Termin für den Beginn der Analyse mit ihm vereinbaren wolle oder ob sie darüber noch miteinander telefonierten. Sie meinte, sie wolle gleich einen Termin vereinbaren. Da machte er eine Aussage (in der Sprache der Psychoanalyse heißt dies eine ›Deutung‹), die sie tief bewegte: ›Sie wollen gleich mit mir einen Termin ausmachen, weil Sie befürchten, ich könnte in der Zwischenzeit sterben.‹

Meine Freundin wusste sofort, dass er das Richtige getroffen hatte, denn sofort fiel ihr der Schmerz ein, den sie fühlte, als ihr Vater starb, ohne dass sie ihn wiedergesehen hatte. Er lebte im Ausland, sie wollte ihn eigentlich längst besuchen, doch immer kam irgendetwas anderes dazwischen, war irgendetwas anderes wichtiger. Dann war es zu spät. Sie konnte nicht mehr mit ihm sprechen. Das hat sie über viele Jahre hinweg gequält. Nun werde sie in ihrer Analyse alles das, was mit dem Tod des Vaters zusammenhing, noch einmal erleben und mithilfe des Analytikers verarbeiten können.

Das ist der Teil meiner Freundin«, erzählt Frau M., »doch jetzt kommt mein Erlebnis dabei. Ich berichtete meinem Mann von diesem Gespräch, und als ich wiederholte, welche Deutung der Analytiker meiner Freundin gegeben hatte, nachdem sie gleich einen Termin für den Beginn der Analyse vereinbaren wollte – ›Sie haben Angst, dass ich in der Zwischenzeit sterben könnte‹ –, brach ich plötzlich, ohne dass ich es verhindern konnte, in Tränen aus. Zuerst verstand ich das nicht, doch nachdem mein Mann gesagt hatte, ›da siehst du, wie wichtig die Eltern-Kind-Beziehung ist, sie hört ein Leben lang nicht auf‹, purzelten meine Erinnerungen nur so herunter. Mir standen die Umstände beim Tod meiner Mutter wieder ganz deutlich vor Augen, meine Verzweiflung damals, meine Trauer und Enttäuschung, aber auch meine Schuld und mein Gekränkt-Sein.«

Die Mutter von Frau M. war an Krebs erkrankt, und da ihr aufgrund einer Lungentuberkulose, die sie – wie so viele damals – nach dem Krieg befiel, die halbe Lunge operativ entfernt worden war, hatte sie nun große Schwierigkeiten mit dem Atmen und musste auf eine Geriatrische Station, wo sie mit Sauerstoff versorgt wurde. Es war abzusehen, dass sie nicht mehr allzu lange zu leben hatte, und ihre Tochter, Frau M., besuchte sie täglich im Krankenhaus. In einem ihrer Gespräche erwähnte die Mutter, dass ihr in ihrem Leben noch niemand je eine Orchidee geschenkt hätte – zur damaligen Zeit waren Orchideen eher selten und eine Kostbarkeit –, heute reihen sie sich in die Vielfalt blühender Pflanzen ein. Frau M. freute sich, der Mutter noch einen Wunsch erfüllen zu können, und kaufte am nächsten Tag, bevor sie wieder ins Krankenhaus fuhr, eine besonders schöne Orchidee. Vor dem Blumengeschäft traf sie eine Bekannte, und die beiden Frauen setzten sich zu einem kleinen Schwätzchen noch in ein Café.
Als Frau M. dann im Krankenhaus vor der Zimmertür ihrer Mutter stand, las sie dort den Hinweis: ›Bitte bei der Schwester melden!‹ Sie ging ins Stationszimmer und die Schwester sagte ihr, dass die Mutter vor einer halben Stunde gestorben sei. Das war ein Schock für Frau M. Sie konnte es zunächst gar nicht fassen. Die Schwester ging mit ihr in das Zimmer, in dem die Mutter aufgebahrt lag. Wie fremd sie plötzlich der Tochter schien. Und wie weit weg. Es war, als sei es nicht ihre Mutter, sondern eine eher fremde Frau, die sie aber lange kannte. Sie wagte nicht, sie zu berühren. Ehrfürchtig legte sie schließlich die Orchidee in die gefalteten Hände der Mutter. Da jedoch befiel sie Schmerz und Trauer, erst da, als sie daran dachte, dass diese Frau einen Wunsch gehabt hatte, der nicht erfüllt wurde. Jetzt war wieder die Mutter mit ihren persönlichen Eigenschaften, Gefühlen und Wünschen lebendig.
Die Stationsschwester kam, um mit ihr die notwendigen Modalitäten zu besprechen. Dann fuhr Frau M. nach Hause, und erst dort wurde sie von verschiedenen Gefühlen überwältigt. Vor al-

lem machte sie sich Vorwürfe, dass sie die kostbare Zeit, die sie noch mit der Mutter hätte verbringen können, einem Schwätzchen mit der Bekannten, die sie getroffen hatte, widmete. Das war die halbe Stunde, die sie verpasste. So hatte sie die Mutter nicht in den Tod begleiten können. Und – sie schämte sich zwar dafür, konnte es aber nicht verhindern – auf einmal tauchte Wut auf die Mutter in ihr auf: »Warum hat sie nicht auf mich gewartet?« Sie hatte ja auch auf ihren Sohn, den Bruder von Frau M., gewartet – zwei Wochen lang, denn der war, als die Mutter ins Krankenhaus eingeliefert wurde, im Urlaub mit dem Zelt unterwegs, niemand wusste, wo. Mobiltelefone gab es damals noch nicht. Nachdem er wieder erreichbar war, kam er natürlich gleich zur Mutter. Das war am Tag, bevor sie starb.

Die Mutter-Sohn-Beziehung war immer sehr eng, war von Anfang an – Frau M. ist einige Jahre älter als ihr Bruder – ein Grund für Angst und Eifersucht. Der Bruder berichtete ihr auch jetzt, nach dem Tod der Mutter, dass sie den Sohn gebeten hatte, in dem Ort, in dem *er* lebt, begraben zu werden. Auch das war ein Schock für Frau M. – sie hätte das Grab gerne in der Nähe gehabt, um es oft zu besuchen. Überdies behauptete der Bruder, die Mutter hätte verfügt, dass ihr Schmuck seiner Frau übergeben werden sollte, was die Tochter sehr kränkte, denn der Bruder war erst seit Kurzem verheiratet.

All das führte dazu, dass Frau M. die Freude am Leben verlor – obwohl sie selbst Mutter von zwei erst halb erwachsenen Kindern war. Es war für sie, als sei mit dem Tod der Mutter der Sinn ihres Lebens gestorben, als hätte sie den entscheidenden Halt im Leben verloren. Ihre Kinder würden bald ihren eigenen Weg gehen, sie brauchten sie nicht mehr unbedingt. Aber sie, ihr Kindsein, ihre Sehnsucht nach der unmittelbaren, bedingungslosen Liebe der Mutter, die sie als unerfüllt erlebte, waren nun, ebenso wie die Mutter, gestorben. Und damit konnte, wollte sie auch sterben.

Dieses Erleben wurde Frau M. wieder bewusst, als sie ihrem Mann von dem Telefongespräch mit der Freundin berichtete.

Wir haben den Ausschnitt aus diesen beiden Lebensgeschichten deshalb so ausführlich dargestellt, weil darin noch einmal sehr deutlich zum Ausdruck kommt, wie innig wir mit unseren Eltern verbunden sind, wie deren Schicksal eng mit dem unseren verknüpft ist und in entsprechender Wechselwirkung wir mit dem ihren. Der Tod eines Elternteils, wie auch eines Großvaters oder einer Großmutter, mit denen wir oft mehr und inniger verbunden waren als mit unseren eigenen Eltern, berührt uns sehr und kann manche Menschen für einige Zeit so belasten, dass sie nicht mehr arbeitsfähig sind und mit viel Mühe gegen depressive Stimmungen ankämpfen müssen. Es sei vorgreifend schon an dieser Stelle erwähnt, dass Großeltern häufig die vielleicht wichtigeren Bezugspersonen sind als die Eltern – man müsste das Vierte Gebot hier ergänzen im Sinne von »Ehret Großvater und Großmutter ...«

Gerade in unserer Zeit, in der in vielen Familien Vater und Mutter darauf angewiesen sind zu arbeiten, um den Familienunterhalt zu verdienen, werden die Kinder häufig bei den Großeltern untergebracht, eine durchaus glückliche Lösung, auch wenn sie in manchen Fällen dann doch eher schwierig und problematisch ist. Vor allem, wenn sich die Großeltern massiv in die Erziehungsangelegenheiten einmischen und ihren Konflikt mit den jeweiligen Söhnen und Töchtern über die Kinder oft jahrelang austragen und die Kinder damit in einen Loyalitätskonflikt bringen. Wem soll das Kind seine Ehrerbietung und Achtung entgegenbringen? Häufig erwarten sowohl Großeltern als auch Eltern, dass das Kind ihnen gehorcht, sich nach ihren Richtlinien orientiert und entsprechende Ehrerbietung zeigt. Nicht selten zieht sich ein junger Mensch daher ganz aus diesen Beziehungen zurück und, sofern das Vierte Gebot in ihm in irgendeiner Form verinnerlicht ist, steht vor einer schwierigen Situation. Er möchte dem Gebot folgen, sieht sich aber in gegensätzlichen Gefühlen und Gedanken gefangen.

So wichtig ist die Eltern-Kind-Beziehung – hier aus Sicht des Kindes. Das Leben verliert an Bedeutung und an Kraft, wenn in dieser Beziehung das Entscheidende unerfüllt bleibt: das bedingungslose Angenommensein. Viele Eltern meinen, ihr Kind wirklich zu lieben, alles für ihr Kind zu tun. Sie geben ihm vermeintlich alles, was es braucht, ermöglichen ihm finanziell und bildungsmäßig einen guten Start ins Leben, sind auch bereit, ihrem Kind zuliebe selbst auf vieles zu verzichten, und doch reicht das alles nicht, wenn sie das Kind nicht annehmen, wie es im Grunde ist. Die Elternliebe kann oft die Forderung verdecken, der Sohn oder die Tochter möge doch bitte so sein, wie sie es sich vorstellen. Das Kind soll dem Bild der Eltern, das sie sich machen, sobald sie wissen, dass das Kind kommt, entsprechen. Doch der junge Mensch will sein Eigensein leben. Er kann erst einmal gar nicht anders, als ganz er oder sie selbst zu sein. Schließlich weiß das Kind nichts von der Vorstellung der Eltern. Es ist und reagiert einfach ganz natürlich aus sich selbst heraus. »Hier stehe ich, ich kann nicht anders!« Dieser Ausspruch Luthers ist legendär geworden. Weil er genau das zum Ausdruck bringt, was das größte, natürlichste und selbstverständlichste Bedürfnis eines jeden Menschen ist. Eigentlich nicht anders zu können, als die ›vox dei‹, die göttliche Stimme, in sich wahrzunehmen und ihr zu folgen. In jedem Menschen steckt das Bedürfnis, so gesehen, angenommen und anerkannt zu werden, wie es seine Art, wie es in ihm angelegt ist. Leider wird dieses Grundbedürfnis viel zu wenig gesehen und respektiert. Doch ohne das vorurteilslose »Ja« zu sich selbst kann es kein befriedigendes Leben, insbesondere keinen Frieden mit den anderen, mit den Eltern, Kindern, der Familie, den Freunden, ja mit der Welt als Ganzes geben.

Mose und die Zehn Gebote – die Geschichte der Geschichten

Bei unseren bisherigen Überlegungen haben wir die Zehn Gebote, um die es sich ja letztlich handelt, auch wenn wir uns nur mit *einem* Gebot beschäftigen, immer als selbstverständlich und weitgehend bekannt vorausgesetzt. Bei genauerem Nachfragen stellten wir jedoch fest, dass viele Menschen die Zehn Gebote gar nicht mehr aufsagen können, geschweige denn einen inneren Bezug zu ihnen haben. Andererseits stehen wir vor der erstaunlichen Tatsache, dass diese Gebote seit etwa 3000 Jahren unser Denken und Handeln bestimmen und heute noch im Religionsunterricht gelehrt und – dies darf man nicht vergessen – von den Schülerinnen und Schülern auch verinnerlicht werden. Nicht selten jedoch schwingen in dieser Vermittlung auch deutliche Drohungen mit, was passiert, wenn wir die Gebote nicht halten. Schon in Kindergärten zum Beispiel wird über Strafen geredet, die über einen Menschen – von wem auch immer – verhängt werden, wenn er sich nicht an die Gebote oder die Regeln einer bestimmten Religion hält. Wir wachsen also gewissermaßen unter dem Dach dieser Gebote auf, sie prägen uns. Dennoch wissen viele Menschen nicht, dass die biblischen Zehn Gebote seit 3000 Jahren als Grundlage für unsere Rechtsprechung dienen und wie sie zustande kamen, welche Geschichte sie in sich tragen. Es wäre allerdings nicht sinnvoll, ein einzelnes Gebot herauszulösen oder die Zehn Gebote als eine isolierte geistige Einheit zu betrachten, ohne sie in die entsprechende Kultur und Entwicklung der menschlichen Bewusstheit einzubetten. Deshalb wollen wir ihre Geschichte hier kurz erzählen. Nicht nur, um sie in Erinnerung zu rufen, sondern auch, weil sie für unsere Überlegungen zum ethischen Bewusstsein (S. 34ff.) von Bedeutung ist. Außerdem ist diese Geschichte spannend und voller Überraschungen. Die Bibel berichtet Folgendes:

Bevor Gott seinem auserwählten Volk die Zehn Gebote – durch Mose – übermittelt hat, führte er es nach Ägypten und sagte, sie mögen sich dort ansiedeln. Ägypten war damals ein reiches, fruchtbares Land, die Israeliten lebten gerne dort und wurden ein so zahlreiches, starkes und tüchtiges Volk, dass die Ägypter bald um ihre Vorherrschaft fürchteten.

Wer war Mose?

Der herrschende ägyptische Pharao sah keine andere Möglichkeit, das Wachstum des fremden Volkes zu mindern, als alle männlichen Neugeborenen der Israeliten töten zu lassen. Aber eine Frau aus dem Stamme Levi, die Mutter eines Sohnes wurde, war nicht bereit, ihr Kind den ägyptischen Häschern auszuliefern – was schließlich sehr verständlich ist –, und sann auf einen Weg, es am Leben zu halten. Es heißt, es war ein schöner Junge auf die Welt gekommen, der wohl ein starker Mann werden würde. Also nahm die Mutter ihr Kind, legte es in ein Kästchen, verschloss es und setzte es in das Schilf des Nilufers. Dann versteckte sie sich mit ihrer älteren Tochter in der Nähe, denn sie wollte sehen, was aus ihrem Sohn werden würde. Bald kam die Tochter des Pharao mit ihren Dienerinnen, um im Nil zu baden. Eine der Hofdamen entdeckte das Kästchen, zog es heraus und öffnete auf Geheiß der Prinzessin den Deckel. Diese sah den schönen Knaben, er tat ihr leid und er gefiel ihr so gut, dass sie ihn behalten wollte. Doch da sie ihn nicht selbst geboren hatte, konnte sie ihn nicht nähren. Das wusste natürlich die Mutter des Kleinen und schickte ihre Tochter zur Prinzessin mit der Frage, ob sie ihr eine Amme besorgen solle. So wurde die Mutter des Knaben seine Amme, das heißt sie konnte am Hof des Pharao ihr eigenes Kind großziehen, das allerdings offiziell als Kind der Pharaonentochter galt, die dem Kind den Namen Mose gab. Das sollte heißen: ›Ich habe ihn aus dem Wasser gezogen‹. So weit die Geschichte, wie sie in der Bibel steht.

Es gibt allerdings noch eine andere Version dieser Erzählung. Wir bringen sie hier auch, weil sie – wie wir es oben schon ankündigten – bedeutsam für unsere weiteren Überlegungen ist. Wir leiten sie mit einem jüdischen Witz ein:

»Itzig wird in der Schule gefragt: ›Wer war Mose?‹ Er antwortet: ›Mose war der Sohn einer ägyptischen Prinzessin.‹ ›Falsch‹, sagt der Lehrer. ›Mose war der Sohn einer hebräischen Mutter, die ägyptische Prinzessin fand ihn in einem Korb am Ufer des Nils.‹ Darauf Itzig: ›Sagt sie!‹«

Viele Religionswissenschaftler und Historiker haben sich mit der Frage beschäftigt, wer Mose wirklich war. Natürlich ist dies bis heute nicht geklärt – was für uns im Zusammenhang dieses Buches gar nicht so wichtig ist. Doch wenn wir uns Gedanken zur Ethik machen – und das müssen wir, wenn wir über ein Gebot schreiben, das den Menschen nahelegt, es zu befolgen –, dürfen wir diese Version der Geschichte um Mose, die auch existiert, nicht übergehen.

Mose könnte also auch der Sohn einer ägyptischen Prinzessin gewesen sein. Sein Name deutet darauf hin, denn ›Mose‹ heißt im Ägyptischen ›das Kind‹. Im Hebräischen würde er ›Mosche‹ genannt werden, was höchstens ›der Herauszieher‹ bedeuten könnte, aber nicht ›der aus dem Wasser Gezogene‹. Auch war der Name ›Mose‹ bei ägyptischen Königen wie ›Ahmose‹, ›Thut-mose‹, ›Ra-mose‹ üblich. Zu der Zeit, als die Israeliten Fremdarbeiter in Ägypten gewesen sind – ca. 1300

vor unserer Zeit –, herrschte dort der Pharao Amenhotep, der erkannte, dass das Leben auf der Erde von der Sonne abhängt. Er setzte die bis dahin verehrten Götter, die noch eine Nähe zum Naturhaften, vor allem zu vielen bekannten Tieren und auch zur Unterwelt, zum Totenreich, aufwiesen, ab und pries die Sonne als Schöpfer und Erhalter alles Lebenden. Die Sonne hieß im Ägyptischen ›Aton‹ und Amenhotep änderte seinen Namen in Echnaton. Das Kind aus dem Schilfkörbchen, Mose, wuchs – dieser Version der Geschichte nach – am Hof des Königs auf und wurde zu einem glühenden Verehrer dieser Religion, in der es nur *ein* herrschendes Wesen gab: die Sonne. Da Ägypten zur damaligen Zeit sehr groß geworden war, erwies es sich als sinnvoll, die vielen lokalen Gottheiten durch einen einzigen, das ganze Reich umfassenden, Gott zu ersetzen. Außerdem wurde damit eine neue Sicht der Welt und der Ethik geschaffen, denn Echnaton bezeichnete sich stets als der »in der Maat Lebende«; »Maat« war einst die Göttin der Wahrheit und Gerechtigkeit. Echnaton verband also ›Aton‹, den einzigen, alleinigen Gott, mit den ethischen Werten ›wahr‹ und ›gerecht‹. Doch das ägyptische Volk folgte seinem Pharao nur widerwillig, es war an die vielfältigen, fantasievollen Bilder-Gottheiten gewöhnt, und sofort nach Echnatons Tod merzte es alles aus, was an Aton erinnerte, und kehrte zu seinen geliebten tiergestaltigen Göttern zurück.
Mose jedoch erkannte, dass die Zeit für eine Religion, in der nur *ein* Gott herrschte, gekommen war, und sah die Chance für deren Etablierung in einem eigenen Volk, das er führen würde. Da die Ägypter ihre Gottheiten aber nicht verlassen wollten, scharte Mose die Fremdlinge, die Israeliten um sich und versprach ihnen einen eigenen Gott und ein eigenes Reich.

Inwiefern nun sind die beiden Versionen der Mose-Geschichte für uns interessant?
Der junge Mose wuchs im Umkreis einer Kultur und Religion auf, die sich in zunehmendem Maße auf einen einzigen Gott

hin orientierte. Da er, wie wir heute wissen, zu den ganz großen Gestalten der menschlichen Geschichte sowohl in sozialer als auch religiöser Hinsicht gehört, ist anzunehmen, dass schon der junge Mann damals die ungeheure Kraft ahnte, die mit der Vorstellung von *einem* Gott verbunden war. Er erkannte, dass die Zeit für das, was wir später eine monotheistische Religion nennen, gekommen war. In ihm vermischten sich in einer für uns heute nicht mehr nachvollziehbaren Weise das politische und soziale Engagement für ein Volk, mit dem er auch lebte. Gleichzeitig nahm er eine große religiöse Vision und Berufung wahr, die sich zunächst erst ansatzweise in ihm formierte. So können wir in der Bibel sehr genau verfolgen, wie er versuchte, das Politische und seine religiöse Vision in Einklang zu bringen. Zunächst sieht es so aus, als ob er versucht, einheitliche Lebensregeln und Verhaltensweisen zu formulieren, die für den inneren Zusammenhalt dieser Volksgruppe und ihr weiteres Überleben entscheidend waren. Auch in der neueren Geschichte hatte sich stets gezeigt, dass starke Persönlichkeiten ein uneinheitliches Reich zu einer großen mächtigen politischen Macht zusammenführen können, auch wenn solche Zusammenschlüsse oft nur über eine kurze Zeit existieren. Gerade im politischen Bereich zeigt sich das tiefe Bedürfnis nach einer inneren Einheit, die sich dann auch in einem entsprechenden Nationalgefühl ausdrücken kann und möchte. Gerade in der deutschen Geschichte haben wir in den letzten Jahren sowohl entsetzliche als auch tief bewegende und zugleich unendlich traurige Aspekte dieser Entwicklung miterleben müssen.

Interessant ist nun, dass Mose als erste große Tat seine Stammesgenossen aufforderte, sich beschneiden zu lassen. Denn er selbst war, am ägyptischen Königshof aufgewachsen, beschnitten. Heute gehört die Beschneidung des Knaben zum gläubigen Judentum. Bei den Israeliten war damals die Beschneidung wohl nicht üblich, Moses soll aber beschnitten gewesen sein, was als ein weiterer Beweis dafür gelten kann, dass er wahrscheinlich kein Jude war. Hier zeigt sich auch eine in unserem

Zusammenhang wichtige Dynamik zwischen seiner Identität als ägyptischer Prinz und heranwachsender Führer des jüdischen Volkes.
Aus heutiger Sicht hat sich damals eine zunehmende, die ganze Welt umspannende Bewegung entwickelt, welche die monotheistischen Religionen entstehen ließ, wie wir sie heute kennen. Daraus ergaben sich sehr enge Beziehungen zur Entwicklung des Patriarchats, denn die führenden Gestalten dieser Religionen waren ausschließlich Männer und die Beziehung von Mose zu Gott, dem absoluten Herrscher, war und bleibt wohl das große Vorbild. Wieweit dieser letztlich verinnerlichte Archetyp unsere Gesellschaft mehr in ihrer Entwicklung bestimmt hat, als uns bewusst ist, muss hier offenbleiben. Aber bei aller Patriarchatskritik, die dringend nötig ist, wird immer wieder darauf hingewiesen, dass die Etablierung dieser Herrschaftsform zunächst die geistige Entwicklung des Menschen stark gefördert hat und die ursprünglich sehr von Sinnlichkeit und erdhaften Qualitäten geprägten Menschen auf neue Ziele ausrichtete. So war der Weg gebahnt für eine geistig intellektuelle Entwicklung, die uns heute selbstverständlich erscheint und deren Schattenseiten wir jetzt erst nach und nach erkennen. Das Problem ist am Ende immer die Einseitigkeit. So dringend die Verankerung eines neuen geistigen Standpunkts ist, so schwierig und tragisch kann es werden, wenn diese neue Erkenntnis absolutgesetzt wird und jede weitere Entwicklung blockiert und verhindert.

Als die Zeit erfüllt war

Dieser Satz aus dem Neuen Testament, der dort in Verbindung mit der Geburt Jesu steht, kann auch in anderen Zusammenhängen ein sinnvoller Hinweis sein. Wir gehen heute davon aus, dass solche Entwicklungen, wie wir sie im Alten Israel beobachten können, mindestens zwei große Quellen haben: Einmal die geistigen Qualitäten eines bestimmten Menschen, in diesem Fall Mose, und zum anderen eine innere Vorbereitung oder Konstellation in einem Volk, hier die Israeliten, das bereit war, auf eine Stimme zu hören, die zwar von außen kommt, die aber gleichzeitig eine innere Stimme, nämlich die Stimme Gottes war. Es ist für uns heute gar nicht mehr so ganz leicht nachzuvollziehen, dass Gott zur damaligen Zeit nur von außen, auf den Bergen Horeb und Sinai zu Mose gesprochen hat. Wir gehen inzwischen davon aus, dass Gottes Stimme auch tief in der Seele des Menschen erklingt, wofür vor allem die Mystiker aller Kulturen viele Beispiele und Erlebnisberichte lieferten. Das ist die Stelle, an der die Schwierigkeiten liegen, denen wir bei der Auseinandersetzung mit den Zehn Geboten begegnen: Sind sie nun die Stimme Gottes oder entsprechen sie eher vernünftigen menschlichen Überlegungen zum reibungslosen Ablauf des Zusammenlebens einer Gesellschaft? An dieser Frage scheiden sich bis heute die Geister. Wir beten zu Gott als einem, der über uns in der unendlichen Weite des Himmels – anders können wir es uns auch heute noch nicht vorstellen – »thront«, oder eben mit großer Kraft aus den Tiefen der eigenen Seele zu uns spricht. Zur damaligen Zeit geschah dies wohl hauptsächlich in einzelnen großen Persönlichkeiten, Sehern und Propheten, welche die Stimme Gottes als sowohl von außen und gleichzeitig von innen kommend vernahmen und sie entsprechend an das Volk weitergaben. Die Berufung Moses und seine Geschichte, auch seine Schwierigkeiten mit seinem Gott, werden in den ersten Büchern des Alten Testamentes sehr ausführlich und auch menschlich nachvollziehbar dargestellt.

Die moderne Psychologie, insbesondere die Analytische Psychologie C.G. Jungs hat ein Konzept entwickelt, das diesen allgemeinen Rahmenbedingungen menschlichen Verhaltens entspricht. Jung spricht von einem kollektiven, das heißt einem allgemein menschlichen Bewusstsein, wie auch einem kollektiven, eben entsprechend allgemein menschlichen Unbewussten.

Das heißt, unser Verhalten, wie wir es im Alltag bei uns beobachten, wird von vielen Faktoren gesteuert, die wir nicht kennen, die aber trotzdem enorm wirksam sind. Wir hatten darauf schon bei den Elternintrojekten hingewiesen. Die großen Strömungen und Ergebnisse der geistigen Entwicklung der Menschheit sind in unserem Bewusstsein verankert, sie prägen uns, und zwar ganz allgemein, das heißt kollektiv. Das lässt sich an vielen modernen Beispielen zeigen. Betrachten wir nur einmal die Mode. Zu einer bestimmten Zeit wollen alle Jugendlichen Turnschuhe oder Jeans tragen oder junge Frauen lieben und erleiden ihr Schlankheitsideal bis hin zur schweren Erkrankung der Magersucht und der Ess-Brechsucht. Auch heute noch müssen junge Männer Mutproben ablegen, die zum Teil sehr subtil von Gleichaltrigen gefordert werden, und wer sie nicht zu leisten in der Lage ist, wird ausgeschlossen. Die Fülle der Beispiele, welche die zum Teil massive Einflusskraft der kollektiven Bewusstseinsdominanz zeigt, ließe sich beliebig erweitern.

Hier können Sie, liebe Leserin, lieber Leser noch einmal über Ihr eigenes Leben nachdenken. Nach welchen allgemeinen Grundsätzen, Regeln, ethischen Normen und Werten richten Sie Ihr Leben aus? Fühlen Sie sich auch gewissen Modezwängen unterworfen, oder sind Sie überwiegend frei von solchen Einflüssen und richten sich eher nach dem, was Ihnen Ihre eigenen inneren ›Ratgeber‹ vermitteln?

Nur ganz kurz sei noch das kollektive Unbewusste erwähnt: Wir gehen in der Analytischen Psychologie davon aus, dass große Menschheitsentwicklungen, wie sie gerade auch im Alten Israel unter der Führung von Mose geschehen sind, zu gewissen Zeiten aus den Tiefen der menschlichen Seele hervorbrechen. Zum Teil geschieht das mit großer Wucht, und erst dann nach und nach werden sie an ganz bestimmten Führerpersönlichkeiten auf der bewussten und intellektuellen Ebene verarbeitet. Die große Bedeutung, die heilige Stätten haben, muss in diesem Zusammenhang gesehen werden. Warum ist uns denn etwas so heilig, dass wir dafür sogar einen ›Heiligen Krieg‹ führen und unser Leben einsetzen? Wer einmal die alten Tempel von Delphi besucht hat oder in Jerusalem auf dem Platz vor dem Felsendom stand, der spürt, dass hier Kräfte wirken, die nicht von irgendeinem klugen Menschen ausgedacht wurden, sondern in der menschlichen Seele wohl seit Urzeiten verankert sind. Aus solchen Erfahrungen heraus verstehen wir auch die zum Teil überwältigende Kraft, die von entsprechenden Bildern, Bauten oder Sätzen wie eben den Zehn Geboten oder den Suren des Korans ausgehen.

Ethisches Bewusstsein – Gebote als Empfehlung

Kehren wir noch einmal zurück zum Volk Israel, das uns die Zehn Gebote hinterlassen hat, mit dem das, was wir heute ›ethisches Bewusstsein‹ nennen, begann. Je länger wir uns damit beschäftigen, desto spannender finden wir seine Geschichte, desto mehr erkennen wir, dass wir mit unserer Kultur des Rechts auf ›heiligem Boden‹ stehen.
Im Gegensatz zum reichen Ägypten, vor allem zu den fruchtbaren Ebenen entlang des Nils, der jedes Jahr durch seine Überschwemmungen Nahrung im Überfluss bot, waren die Israeliten, die durch die Wüste wanderten, Hunger, Hitze und Kälte ausgesetzt. Ihr Gott versprach ihnen zwar ein Land, ›wo Milch und Honig fließt‹, doch bis sie dort angekommen waren, hatten sie viel Mühsal zu ertragen. Auf dieser entbehrungsreichen Wanderschaft kam es deshalb immer wieder zu Unzufriedenheiten und zu Zweifel, ob sie auch wirklich auf dem richtigen Weg seien, und die Israeliten begannen zu murren. Also brauchte Mose etwas, das ihnen neuen Mut gab, und vor allem, das sie zusammenhielt. Sein Schwiegervater Jethro wusste Rat:

»Sei du der Vertreter des Volkes vor Gott und bringe du ihre Anliegen vor Gott; mache ihnen daneben die Rechtssprüche und Entscheidungen klar und gib ihnen den Weg an, den sie innezuhalten haben, und das Verfahren, das sie beobachten müssen. Zugleich sieh du dich aber unter dem ganzen Volke nach tüchtigen, gottesfürchtigen und zuverlässigen Männern um, die keiner Bestechung zugänglich sind, und setze diese als Obmänner über sie, die einen über tausend, andere über hundert, andere über fünfzig und andere über zehn, damit sie dem Volke jederzeit Recht sprechen und zwar so, dass sie alle bedeutenden Sachen vor dich bringen, alle geringfügigen Sachen aber selbst entscheiden. Auf diese Weise verschaffe dir Erleichterung und lass sie die Last mit dir tragen. Wenn du es so machst und Gott es dir gestattet, so wirst du dabei bestehen können …«[2]

Die Identitätsbildung beginnt

Jethro war offensichtlich ein weiser Mann, denn er riet Mose genau das Richtige, dass nämlich eine verbindliche Ordnung im Volk geschaffen werden musste, in der jeder seinen Platz und seine Aufgabe finden konnte. Verbindlich ist diese Ordnung insofern, als durch sie eine Verbundenheit zwischen den Einzelnen geschaffen wurde. Wenn jemand in einer Gruppe für einen bestimmten Bereich zuständig ist, sich Mühe gibt, seine ihm zugedachte Rolle auch im Sinne des Ganzen gut zu erfüllen, dann wünscht er sich, dass die anderen es ebenso tun. Es entsteht im Einzelnen rasch ein Verantwortungsbewusstsein, was wiederum das Selbstwertgefühl hebt. Wenn jeder sich in einer Gemeinschaft als wichtig und wertvoll erlebt, stellt sich bald auch eine Gruppenkohärenz ein, das heißt, der Zusammenhalt der Gruppe wird gefestigt und gestärkt. So wird Identität gebildet, sowohl die der Gruppe als auch, daraus folgend, die des Einzelnen. Jethro hat mit seinem Rat den ersten Schritt zur Gemeinschaftsbildung des israelitischen Volkes angeregt, obwohl er kein Jude, sondern Midianiter, Priester dieses Volksstammes war. Die Bibel erwähnt ihn dennoch mit Respekt. Die zweite und entscheidende Tat allerdings blieb Mose als Vertreter des Volkes vor Gott vorbehalten. Und hier liegt auch der Unterschied zwischen dem Monotheismus des Echnatons und dem des Mose.

»Der Monotheismus des Echnatons von Amarna war ein Monotheismus der Erkenntnis. Dahinter steht ein neues Weltbild, das alles Sein, die gesamte Wirklichkeit, auf das Wirken der Sonne zurückführt, die durch ihre Strahlung Licht und Wärme und durch ihre Bewegung die Zeit hervorbringt. Aus dieser Entdeckung, dass die Sonne nicht nur das Licht, sondern auch die Zeit generiert, zog Echnaton den Schluss, dass die anderen Götter für die Erzeugung und Aufrechterhaltung der Welt überflüssig und daher inexistent, Lug und Trug sind. Daher wurden unter Echnaton ihre Tempel geschlossen, ihre Kulte und Feste abgeschafft, ihre Bilder zerstört und ihre Namen ausgehackt. Das ist etwas völlig anderes als das mosaische Projekt. Mose geht es nicht um eine neue Kosmologie, sondern um eine neue politische Ordnung, um Gesetzgebung, Verfassung, Bündnis und Bindung. Sein Anliegen ist ein politischer Monotheismus, ein Monotheismus der Bindung. Es heißt nicht: ›Es gibt keine anderen Götter außer mir‹, sondern: ›Für dich gibt es keine anderen Götter‹, d.h. du sollst keine anderen Götter haben.«[3]

Nun ist auch zu verstehen, warum die Gesetzestafeln, die Gott Mose gab, eine andere Funktion haben, als die Gesetze, die schon vor den Zehn Geboten das Zusammenleben der verschiedenen Völker bestimmten. Bekannt geworden ist beispielsweise der Codex des Hammurabi. Hammurabi war Herrscher von Babylon in Mesopotamien, ca. 2000 Jahre v.Chr. Er hinterließ eine umfassende Gesetzessammlung – von 283 Paragrafen weiß man, es sollen jedoch noch sehr viel mehr gewesen sein. Alle Gegebenheiten des Staats- und Privatlebens waren darin äußerst differenziert geregelt mit genauen Strafangaben bei Nichteinhaltung. Insofern hätte es der geringen Anzahl von zehn neuen Geboten nicht bedurft. Da diese zehn Gebote jedoch eine völlig neue, bis dahin unbekannte, große Idee unter die Menschen brachte, konnten sie bis heute Gültigkeit behalten. Es war nicht ein König oder ein fähiger Mann, der diese Gebote ausarbeitete und erließ, es war Gott selbst, der sie Mose und damit den Menschen gab. Götter und Könige kommen und gehen, jeder proklamiert die Regeln, die er zu seiner Zeit für wichtig hält, die jedoch dann, wenn die Zeit sich verändert, auch wieder sinnlos werden und ebenfalls geändert werden müssen. Wir haben von Echnaton gehört, dass er als der ›in der Maat lebende‹ König bezeichnet wurde. Also hat er die Gerechtigkeit verkörpert. Und wenn es ihn nicht mehr gibt? Wo bleibt dann die Gerechtigkeit? Vielleicht denkt sein Nachfolger nicht, dass Gerechtigkeit einen hohen Wert darstellt, und seine Lebensgrundsätze sind alles andere als sittlich und menschenfreundlich – was wir oft in totalitären Staaten finden. Der universale, einzige Gott jedoch, der über alle Götter, Herrscher und Menschen, der jenseits von Raum und Zeit steht, kann ein Recht verbürgen, das wir heute Ethos, das Ganze der moralischen Gesinnung, nennen. Es ist unabhängig von allen menschlichen und zeitlichen Gegebenheiten, es existiert, wie der Sinn existiert, wie die Würde und Erhabenheit existieren, wie sie als ›Numen‹ einfach da sind, nicht vom Menschen erdacht oder gar gemacht. Von daher verstehen wir, dass der Mensch sich kein Bild von Gott machen soll. Es ist gar nicht möglich, denn was man sehen und anfassen kann, ist nicht zu vereinen mit einem universalen Recht, mit dem das Ganze umfassenden Ethos. So schreibt Jan Assmann:

»Indem der Monotheismus das Recht theologisierte und zum Gottesrecht erhob, befreite er die Menschen von dem Irrglauben, ohne einen König, der ihnen Recht spricht, würden sie sich gegenseitig die Köpfe einschlagen. Damit ist die bis dahin unhinterfragte Allianz von Staat und Gerechtigkeit (sowie von Herrschaft und Heil) aus den Angeln gehoben worden.«[4]

Zur Zeit, als Mose die Zehn Gebote von Gott auf dem Berg Sinai empfing, befanden sich die Israeliten noch auf Wanderschaft. Sie lebten nicht in Städten mit einer schon seit Jahrtausenden hoch entwickelten Kultur, die es ja damals – nicht nur in Ägypten – durchaus gab. Nein, das Volk, dem die Zehn Gebote direkt von Gott gegeben wurden, war arm und an ein einfaches, vielleicht sogar karges Leben gewöhnt. Doch es hatte etwas Besonderes, Einzigartiges: den Bund mit Gott. Kein anderes Volk kann so ein Gottesbündnis für sich in Anspruch nehmen. Kein anderes Volk hielt auch an seinen ursprünglichen Gesetzen bis heute fest.

Gebote für ein armes Volk

Die Zehn Gebote, die Mose vom Berg Sinai mitbrachte, sind für ein armes, nur an Entbehrungen reiches Volk gedacht. Von daher tragen sie den Wert des Welt-Ethos' in sich. Wegen ihrer Einzigartigkeit und Einfachheit zugleich. Die überwiegende Zahl der Menschen auf dieser Erde lebt nämlich einfach und ist arm. Gebote, die sie befolgen können, haben demnach auch Gültigkeit für die Menschen, denen ein Leben in Luxus vergönnt ist. Armut und Einfachheit bestimmen auch später die Geburt des ›göttlichen Kindes‹, Jesus von Nazaret. Auch er ist in der Folge überwiegend für die Armen und im Herzen einfach Gebliebenen da. Welch eine Hoffnung, welch ein Trost mag darin für viele Menschen in der Welt liegen, deren Leben hart und entbehrungsreich ist. Zwar gab es nach der Überreichung der steinernen Gesetzestafeln noch zahlreiche Regeln für die verschiedenen Lebensbereiche, doch – auch das ist einmalig – wurden alle Anweisungen, selbst für die kleinsten, scheinbar nichtigen Alltagsangelegenheiten, direkt durch Gott erlassen. Er kümmerte sich um alles: Opferrituale, Kräuter, die verwendet werden sollten, essbare und ungenießbare Tiere, hygienische Nahrungsmittelzubereitung, Hautausschläge und andere Erkrankungen, Eheschließungen, korrektes Verhalten bei Todesfällen und vieles andere mehr. Es gab zahlreiche Vorschriften und Festsetzungen, die akkurat eingehalten werden müssen – für einen gläubigen Juden auch heute noch. Denn, das ist das Bedeutsame an dieser Religion: Selbst allerkleinste Handlungen gehen auf eine Anweisung Gottes zurück. Da bleibt nicht viel Zeit für weltliches Tun. Das jüdische Jahr wird bestimmt von der Befolgung der Wünsche Gottes. Regeln, die von einem weltlichen Gesetzgeber aufgestellt werden, kann man brechen – man darf sich dabei bloß nicht erwischen lassen. Gebote, und seien es noch so alltägliche, die direkt von Gott kommen, bricht man nicht so leicht. Nicht, weil man unbedingt Strafe fürchten müsste, sondern weil man dadurch aus dem Bündnis mit Gott herausfällt. Das ist ein entscheidender Unterschied. Ein Versprechen zu brechen, wiegt schwerer, als eine Regel nicht zu beachten. Weil ich mit dem Versprechen in einer Beziehung stehe und mit einem entsprechenden Bruch die Beziehung leugne. Und, das ist von großer Bedeutung: Zu einem Bund gehört, dass nicht nur ich mich darin verpflichte, sondern auch das Gegenüber. In diesem Fall also Gott. Das heißt, wenn ich den Bund verlasse, hat auch Gott das Recht auszusteigen. Der staatliche Gesetzgeber schließt mich nicht aus dem Staat aus, wenn ich eine Verfehlung begehe. Wenn ich Vorschriften einer anonymen Rechtsordnung verletze, muss ich vielleicht mit einer Geldbuße oder Gefängnisstrafe rechnen, aber nicht, dadurch aus einem Bund ausgeschlossen zu werden. Hierin liegt der Unterschied zwischen Moral und Ethik: Moralisch handle ich, wenn ich – von wem auch immer – festgesetzte Gesetze und aufgestellte Regeln beachte. Mit meinem Herzen hat das meistens nicht so viel zu tun. Wenn ich mich jedoch in einem Bündnis mit Gott, also mit dem befinde, was für mich das Höchste, das Alles, das allein Maßgebende ist, überlege ich mir wohl, ob ich durch mein Verhalten diese Beziehung aufs Spiel setze. Hier wird Gesetzestreue zur Herzenssache. Mein Wunsch, meine Sehnsucht, meine Liebe, mein Bedürfnis nach Zugehörigkeit – zum Allmächtigen – bestimmt mein Handeln. Das kann ethisch genannt werden.

Der Rechtschaffene und der Tugendhafte

Über ethisches Bewusstsein haben sich viele gescheite Leute Gedanken gemacht, zum Beispiel auch Francesco Varela. In seinem Buch *Ethisches Können* setzt er sich u.a. mit der asiatischen Philosophie auseinander, insbesondere mit dem Konfuzianer Meng-tzu, der im 4. Jahrhundert v.Chr. lebte. Varela schreibt, dass Meng-tzu einen Unterschied machte zwischen einem rechtschaffenen und einem tugendhaften Menschen. Folgende Passage schildert diesen Unterschied in sehr anschaulicher Weise:

»Da man in dieser Welt ist, muss man sich so verhalten, dass es dieser Welt gefällt. Solange man gut ist, ist kein Tadel (...) Wenn man etwas an ihm bemängeln möchte, findet man nichts (...) Er teilt mit den anderen die Gebräuche des Tages und lebt in Harmonie mit der verkommenen Welt (...) Er wird von der Menge geliebt und ist rechtschaffen. Mit einem solchen Mann kann man sich nicht auf den Pfad des Yao und Shun (zwei berühmte Weise) begeben. Daher der Name ›Feind der Tugend‹. Konfuzius sagte: ›Ich schätze den rechtschaffenen Mann des Dorfes nicht, aus Furcht, er könnte mit dem Tugendhaften verwechselt werden.‹«[5]

Wir werden uns mit diesem wichtigen Unterschied zwischen der Rechtschaffenheit und Tugendhaftigkeit im Rahmen unseres Themas noch beschäftigen, doch zunächst zurück zum israelitischen Volk, in dem »ethisches Können« seinen Anfang genommen hat.

In der Wüste, noch ohne feste Heimat – die Juden sind selbst heute noch nicht wirklich in ihrer Heimat angekommen – braucht es besonders klare und handfeste Gesetze. So eines ist beispielsweise das Vierte Gebot.

Übereinstimmend wird von Religionswissenschaftlern die Auffassung vertreten, dass sich dieses Gebot nicht an Kinder oder Jugendliche richtet mit der Aufforderung: »Sei deinen Eltern gehorsam, tu, was sie dir sagen!« Es seien vielmehr die erwachsenen Söhne und Töchter angesprochen, ihre alten Eltern nicht im Stich zu lassen. Doch wie wir wissen, lebten die Israeliten, als sie die Zehn Gebote bekamen, mehr oder weniger provisorisch in der Wüste. Was aber macht ein Volk auf Wanderschaft mit seinen Alten, die vielleicht nicht mehr so rüstig sind, all die Beschwernisse eines kargen Lebens auf sich zu nehmen? Schickt es sie ›in die Wüste‹? Diesen Brauch gab es ja damals für den ›Sündenbock‹: Dem armen Schafbock wurden alle Verfehlungen der Menschen symbolisch aufgeladen. Aaron musste seine beiden Hände auf den Kopf des Bockes legen, während ein jeder sein begangenes Unrecht bekannte – dann setzte man den Sündenbock in der Wüste aus, in der Meinung, dass man nun wieder frei von allen Sünden sei und fröhlich weiterleben könne. Soll man so auch mit den Alten umgehen, die zu nichts oder zumindest zu nicht mehr viel zu gebrauchen sind? Sie abschieben, wenn sie ihre Aufgaben erfüllt haben oder wenn sie lästig werden? So wie es heute noch viel zu oft geschieht, wenn die alte Mutter oder der alte Vater in einem Altersheim ›abgegeben‹ wird, wie ein herrenloses Tier im Tierheim. Nein, sagte Gott mit dem Vierten Gebot: Du sollst deine Eltern – wir fügen hinzu: auch wenn sie alt sind – ehren. Was das genau heißt, werden wir uns im Weiteren noch erarbeiten. Auf alle Fälle heißt es nicht, du sollst sie schlecht behandeln oder dich ihrer gar entledigen. Interessant ist etwas, das vielleicht vielen Menschen heute gar nicht mehr bewusst ist, dass Mose mit folgendem Wortlaut auf der steinernen Gebotstafel vom Berg Sinai kam: »Ehre deinen Vater und deine Mutter, damit du lange lebest in dem Lande, das der Herr, dein Gott, dir geben wird.« Hiermit ist also gesagt, dass ich selbst etwas davon habe, wenn ich mich um meine Eltern kümmere. Aber stimmt das so wirklich? Ist es in Ordnung, ›rechtschaffen‹ zu sein, mich also deshalb an ein Gebot zu halten, weil es mir nützt?

Schauen Sie doch einmal, wie es sich für Sie anfühlt? Aus welchen Gründen beachten Sie Regeln, Gebote und Gesetze? Um Ihren inneren Motiven auf die Spur zu kommen, kann es hilfreich sein, wenn Sie sich an verschiedene Situationen erinnern, in denen Sie sich ethisch verhielten. Es können kleine Alltagserlebnisse sein oder auch außergewöhnliche Begebenheiten, nach denen Sie dachten: »Hier habe ich mich richtig verhalten.« Oder: »Das war recht so, wie ich es gemacht habe.«

Wir erinnern hier noch einmal daran, dass es unser Anliegen ist, nicht nur über den Umgang mit unseren alten Eltern, die in unserer oder gerade noch in einer eigenen Wohnung leben, zu schreiben, sondern die Sicht auf die verinnerlichten Eltern zu lenken, die wir seit Jahrzehnten in uns tragen und mit denen wir dauerhaft in einer bestimmten Beziehung stehen. In diesem Sinne betrachten wir die Gebote als dringende Empfehlungen, auch für das innere Zurechtkommen mit uns selbst. Die Art, wie wir unseren Mitmenschen, insbesondere unseren Eltern gegenübertreten, ist zugleich die Art, mit der wir, ob wir es nun wollen oder nicht, uns selbst bzw. den Teil von uns selbst behandeln, der mit diesen Eltern weitgehend identisch ist. Die Gebote bekommen dann einen ganz anderen Sinn und werden herausgenommen aus dem autoritären elterlichen Druck, der meistens mit ihnen in Verbindung gebracht wird. Sie sind, so gesehen, als hilfreiche Empfehlungen erlebbar, die uns in jeder Hinsicht nützlich sind. Nicht nur, um uns vor Strafen zu schützen.

Doch nun zur Frage, was Menschen bewegt, Ge- und Verbote einzuhalten. Oder wichtiger noch: Was mag Gott sich gedacht haben, diese Gebote, wie Mose sie vom Berg Sinai mitbrachte, zu erlassen? Kann man so fragen? Denkt Gott? Oder wie können wir uns das vorstellen? Aus welchen Gründen hat Er gerade die Gebote so ›formuliert‹, wie wir sie heute – nach manchen Übersetzungen natürlich – noch vorliegen haben? In erster Linie waren die Gesetze und vor allem die vielen Vor-

schriften zu allem, was das Alltagsleben eines Wüstenvolkes betraf, sicher ökonomisch und wohl auch aus hygienischer Sicht gut und richtig. Dass Gott die Israeliten nur ungesäuertes Brot mit auf ihre Flucht aus Ägypten mitnehmen ließ, ist leicht einzusehen, denn Sauerteig schimmelt schnell. Ebenso sinnvoll war, dem Volk zu verbieten das restliche Fleisch ihres letzten Mahles vor dem Auszug mitzunehmen. Auch das wäre in der Wüstensonne rasch verdorben. Und so könnte man die einzelnen Vorschriften auf ihre Wander-, Wüsten- und Alltagstauglichkeit hin untersuchen und käme sicher zu dem Schluss, dass sie für dieses Volk wohldurchdacht waren.
Bevor wir uns näher mit dem Wortlaut des Vierten Gebots beschäftigen, möchten wir erst einmal untersuchen, was Menschen bewegt, Gebote einzuhalten.

Warum achten Menschen Gesetze?

Da gibt es verschiedene Gründe. Die einen halten sich einfach an bestehende Gesetze, weil »man es eben tut«. Sie denken nicht über ihr Motiv zur Gesetzestreue nach, sie folgen einfach ihrer Gewohnheit, also dem, was ihnen in ihrem Elternhaus vermittelt wurde. Das kann ihnen eine geradezu stoische Ruhe verleihen, sie nehmen eher ungerührt das hin, was gerade ist, und wirken deshalb manchmal wenig gefühlvoll auf ihre Umgebung.
Andere dagegen verhalten sich gesetzestreu, weil sie Angst vor Strafe haben. Ihnen wurde sicher schon in der Kindheit angedroht: »Wenn du tust, was verboten ist, wirst du bestraft, dann musst du leiden.« Solche Menschen entwickeln in der Regel eine allgemeine Lebensängstlichkeit, trauen sich oft nur wenig zu und es ist ihnen nicht vergönnt, ihr ganzes Begabungspotenzial zu entwickeln. Eine Variation der Angst vor Strafe ist die Angst vor Liebesverlust. Zum Beispiel kann eine Mutter ihrem

Kind sagen: »Wenn du nicht gehorsam bist, hat Mami dich nicht mehr lieb.« Oder auch: »… dann ist Mami sehr traurig.« Was für Kinder meistens genauso viel heißt, wie »dann hat sie mich nicht mehr lieb«. In einer – falsch verstandenen – religiösen Erziehung können Vater oder Mutter auch sagen: »Wenn du nicht das tust, was wir dir sagen, hat Jesus dich nicht mehr lieb.« Die Angst vor diesem Liebesverlust kann sogar noch stärker sein als die Angst davor, von Mutter und Vater nicht mehr geliebt zu werden. Denn in so einem Elternhaus nimmt Jesus – im Himmel – natürlich einen höheren Stellenwert ein als die Eltern – auf der Erde. Eine mehr oder weniger starke Aggressionshemmung, die hierdurch entsteht, kann die Lebensbewältigung dieses heranwachsenden Kindes durchaus beeinträchtigen.

Auf eine bessere Art wird Gehorsam durch Einsicht geleistet. Der betreffende Mensch – das können auch schon Kinder – macht sich Gedanken über das, was ihm oder ihr gesagt wird, und sieht den Sinn der aufgestellten Gebote oder erlassenen Verbote ein. Vorausgesetzt natürlich, sie sind sinnvoll und zielen nicht auf die Bequemlichkeit oder den Nutzen dessen, der die Gesetze erlassen hat. Das ist eine schöne Art und Weise mit Geboten umzugehen. Einen Menschen, der sich so verhält, könnte man den ›Tugendhaften‹ nennen. Aus diesem Gedanken ergibt sich eine spannende Frage: »Wodurch erlangt ein Mensch Tugendhaftigkeit?« Varela nennt hierzu drei Schlüsselbegriffe: ›Ausdehnung‹, ›Achtsamkeit‹ und ›intelligente Wachheit‹. ›Ausdehnung‹ bedeutet, »dass die Menschen Tugend verwirklichen, indem sie lernen, Wissen und Gefühle aus Situationen, in denen eine Handlung als richtig angesehen wird, auf analoge Situationen auszudehnen, in denen unklar ist, welches die richtige Handlung ist«.

Wir können es auch anders sagen: Am besten lernt man aus Erfahrung. Dieser Satz ist schließlich als Volksweisheit bekannt. Und natürlich stimmt er auch – wie alle Volksweisheiten. Doch um aus Erfahrungen wirklich zu lernen, sie nicht schnell wieder in Vergessenheit sinken zu lassen, bedarf es der ›intelligenten Wachheit‹. Die Erfahrung muss also sowohl gespeichert als auch auf ähnliche Situationen übertragen werden können. Und dann muss noch die Achtsamkeit dazukommen, das heißt die natürliche Konzentrationsfähigkeit. Dazu scheinen viele Kinder heute tatsächlich nicht mehr in der Lage zu sein, doch darauf wollen wir hier nicht weiter eingehen. Wo Achtsamkeit nicht vorhanden ist, kann – und sollte – sie geübt werden. Nicht nur im Sinne des ›ethischen Könnens‹ wird Achtsamkeit gebraucht, nein, sie ist im Grunde für alle Lebensbereiche vonnöten. Vor allem natürlich zur Entdeckung des eigenen Selbst, insbesondere jedoch für den spirituellen Weg. Ohne Achtsamkeit ist weder ein Gebet, noch eine Meditation und auch keine Kontemplation möglich. Indem man sich immer wieder bewusst in diesen inneren, spirituell-geistigen Raum hineinbegibt, entwickelt man Achtsamkeit und Konzentration. Darüber hinaus hilft beides natürlich auch, die profanen Dinge des Lebens, die täglich anfallende Arbeit und/oder auch die Freizeitaktivitäten reibungsloser zu gestalten und intensiver zu erleben. Es gibt aber auch noch einen anderen Beweggrund, Regeln und Gebote einzuhalten, und das ist die Liebe. Wie und wann entsteht so eine Liebe zum Gesetz? Natürlich in der frühen Kindheit. Und sie kann sich in jedem Kind entwickeln, denn jedes Kind kommt mit dem Wunsch zu lieben auf die Welt. Auch dies ist leicht zu verstehen – sowohl aus ökonomischer als auch aus religiöser Sicht: Die Liebe, die das Kind mitbringt und die es den Menschen, die es pflegen, schenken will, sichert am besten sein Überleben. Und wenn es heißt, dass Gott die Welt und die Menschen darin aus Liebe geschaffen hat, dann muss die Liebe letztlich in allem, was es gibt, insbesondere in allen Lebewesen als Grundeigenschaft vorhanden sein. Ist es realistisch anzunehmen, dass es eine Eltern-Kind-Beziehung geben kann, in der die gegenseitige Liebe beide – bzw. alle drei – Teile vom Anfang bis zum Ende – und womöglich noch darüber hinaus – trägt? Oder wäre dies bloß ein illusorischer Wunsch?

Urteilen Sie doch bitte selbst: Kann es eine derartige Beziehung wirklich geben? Eine Beziehung zwischen Mutter, Vater, Tochter, Sohn, in der die gegenseitige Liebe die Handlung der Familie bestimmt und die ein Leben lang währt, die von den Kindern ihren Eltern gegenüber auch noch über den Tod hinaus empfunden wird? Vielleicht kennen Sie ja eine solche Beziehung – möglicherweise haben Sie selbst sie in dieser Art erlebt bzw. erleben sie noch. Dann sind Sie wirklich glücklich zu schätzen!

Wenn Eltern ihrem Kind mit Liebe begegnen – das Kind ist sowieso dazu bereit –, dann wird dieser Sohn oder diese Tochter auch später im Leben sowohl sich selbst als auch allen und allem anderen mit Liebe begegnen können. Auch den weltlichen Gesetzen und den religiösen Geboten. Für so einen Menschen gibt es keine Frage nach dem Sinn der Gebote und Gesetze. Etwas anderes wäre es natürlich, wenn dieser Mensch in einem totalitär regierten Staat leben müsste, in dem es Gesetze gibt, die gegen die Menschlichkeit verstoßen, doch die meinen wir hier nicht – und auch keine Angst vor Liebesentzug oder Strafe. Wer liebt, braucht keine Angst zu haben, dass die anderen ihn nicht lieben, denn er ist selbst in der Liebe und würde einen Liebesentzug überhaupt nicht spüren.
Könnte also mit der Formulierung im Vierten Gebot, »... damit du lange lebest in dem Land, das der Herr dir geben wird«, gemeint sein: »Wenn du Vater und Mutter liebst – mit der Liebe, mit der du von Anfang an ausgestattet bist – dann verlässt dich die Liebe ein Leben lang nicht und du wirst glücklich sein, in jedem Land, wohin immer du geführt wirst«? Oder liest sich dies wie eine Überinterpretation des Vierten Gebotes, das vielleicht, als Mose es vom Berg gebracht hat, viel einfacher, profaner und realistischer gemeint war?

Nehmen Sie diese Überlegung doch mit hinein in eine kleine Meditation und finden Sie heraus, wie es für Sie stimmen könnte.

Mutter sein und Vater sein – das Urelternpaar

Inzwischen sind wir bei den Grundfragen des Lebens angelangt, und damit taucht bei den meisten Menschen auch die Frage auf, woher wir eigentlich kommen, von welchen Urmenschen wir abstammen. In Fernsehsendungen und Zeitschriftenartikeln versuchen entsprechende Wissenschaftler darauf eine Antwort zu geben. Was jedoch oft dazu führt, dass wir noch mehr fragen, an weiteren Informationen interessiert sind. Wir wollen wissen, woher wir kommen, um zu wissen, wohin wir gehören. Damit wir die Angst besänftigen können, ausgeliefert und ungeschützt in einer uns fremden Welt zu sein. Die meisten Kinder wissen, wohin sie nach Schulschluss gehen müssen, um nicht ganz allein auf sich gestellt zu bleiben, wo sie zumindest am Abend, wenn es dunkel wird, ein Zuhause finden. Leider ist nicht allen Kindern auf dieser Welt ein gesichertes Heim vergönnt. Viele – selbst bei uns im Wohlstands-Deutschland – leben auf der Straße. Doch alle Kinder hegen in ihrem Inneren den tiefen Wunsch, bei liebevollen Eltern geborgen, versorgt und beschützt zu sein. Doch nicht nur Kinder brauchen ein Elternpaar – wenigstens eine Mutter oder einen Vater – auch die Erwachsenen, selbst alte Menschen möchten irgendwo dazugehören. Wenn es nicht mehr die eigenen Eltern sein können, dann vielleicht die Kinder, Enkel und/oder auch Freunde, eine

Gruppe von Menschen, mit denen man reden kann, die dem, was man zu sagen hat, zuhören und nach Möglichkeit auch verstehen. Wir alle wollen eingebunden sein in eine Familie, einen Clan, eine Sippe, in ein Volk, in ein Vaterland, in dem meine Muttersprache gesprochen wird.

Hier nun begegnet uns erneut das schon mehrfach erwähnte Problem: Der Clan, die Familie, die Sippe oder die Kette der vielen Generationen existiert auch in mir. Wir erkennen somit den tieferen Sinn des Vierten Gebotes als Empfehlung: Indem ich den Eltern und Großeltern mit Ehrerbietung begegne, baue ich auch eine entsprechende respektvolle Haltung mir selbst gegenüber auf sowie den Kräften in mir, auf die ich angewiesen bin, um mich im Leben wohlzufühlen. Es ist ähnlich wie beim Körper: Wenn die verschiedenen Organe, die so leise und selbstverständlich ihren Dienst tun, plötzlich nicht mehr wollen oder durch Krankheiten eingeschränkt sind, merken wir erst, wie unser gesamtes Befinden davon abhängig ist, ja das Leben kann sogar bedroht sein. Parallel müssen wir uns die Introjekte als die »Organe« der Psyche vorstellen. Sie leiten unser Leben. Gerade aus unserer psychotherapeutischen Erfahrung wissen wir, dass es extrem negative Vater- oder Mutterintrojekte äußerst schwierig machen, eine positive Beziehung zu sich selbst, ein echtes verankertes Vertrauen zu sich selbst herzustellen. Wie soll ich mir selbst vertrauen, wenn in mir ein so großes Potenzial an Misstrauen und negativen Gefühlen besteht? In den Psychotherapien ist es oft ein sehr langer Prozess, bis eine positive innere Basis für die weitere Gestaltung des Lebens gefunden werden kann. Das tiefe Misstrauen zu heilen, das diese Menschen sich selbst, dem Leben und nicht zuletzt auch Gott gegenüber über viele Jahre empfinden, das sie unter Umständen krank macht und ihre Lebensfreude raubt, ist ein langwieriger Prozess. Er kann jedoch, therapeutisch begleitet, noch zu einem guten Ende führen. Eine Schwierigkeit ist allerdings, dass sich manche Menschen gar nicht für wert und würdig halten, eine solche Hilfe in Anspruch zu nehmen. So negativ ist die eigene Seele besetzt. In der Lebensgeschichte lassen sich dann die entsprechenden Entwicklungen, die wir hier angedeutet haben, nachweisen.

Warum wir Mythen brauchen

Um die Frage nach dem Woher und dem Wohin wenigstens einigermaßen befriedigend beantworten zu können, müssen wir uns weit in die Vergangenheit hinein, auf den Weg der menschlichen geistigen Entwicklung begeben. Und diese Entwicklung finden wir in den Mythen, welche die verschiedenen Kulturen über viele Jahrtausende geprägt haben bzw. die das Unbewusste der Menschheit hervorgebracht hat. So entstanden überall auf der Welt Geschichten und Sagen, die von der großen Weltschöpfung erzählen. Zum Beispiel in unserer Heiligen Schrift:

»Am Anfang schuf Gott den Himmel und die Erde; die Erde war aber eine Wüstenei und Öde, und Finsternis lag über der weiten Flut (= dem Urmeer), und der Geist Gottes schwebte (brütend) über der Wasserfläche. Da sprach Gott: ›Es werde Licht!‹ und es ward Licht. Und Gott sah, dass das Licht gut war. Da schied Gott das Licht von der Finsternis und nannte das Licht ›Tag‹, der Finsternis aber gab er den Namen ›Nacht‹. Und es wurde Abend und wurde Morgen. Erster Tag.«

Hier hören wir von einem einsamen Gott, der weit und breit allein und geschlechtslos ist, auch als er die lebende Natur und hierin die Menschen schuf, obwohl die Sexualität zu den Urformen menschlichen Daseins gehört. Was mag die Idee dieser Schöpfung sein, dass es hier zunächst keiner zwei Geschlechter bedarf?
Später lesen wir, dass Gott einen Mann namens Adam und dann auch eine Frau, die er Eva nannte, schuf. Sie können, nachdem Eva die beiden Söhne Kain und Abel geboren hat, für sich in

Anspruch nehmen, das erste Elternpaar überhaupt zu sein. Wie ein Kind gezeugt wird, wie es ausgetragen, geboren und genährt werden muss, fanden sie wohl ebenso selbstverständlich heraus, wie auch jedes Tier sich einfach, natürlich fortpflanzt.
In einem anderen Mythos, entstanden im vorgriechischen Volk der Pelasger, gibt es schon einen Hinweis auf die Sexualität:

»Am Anfang war Eurynome, die Göttin aller Dinge. Nackt erhob sie sich aus dem Chaos. Aber sie fand nichts Festes, darauf sie ihre Füße setzen konnte. Sie trennte daher das Meer vom Himmel und tanzte einsam auf den Wellen. Sie tanzte gen Süden; und der Wind, der sich hinter ihr erhob, schien etwas Neues und Eigenes zu sein, mit dem das Werk der Schöpfung beginnen konnte. Sie wandte sich um und erfasste diesen Nordwind und rieb ihn zwischen ihren Händen. Und, siehe da! Es war Ophion, die große Schlange. Eurynome tanzte, um sich zu erwärmen, wild und immer wilder, bis Ophion, lüstern geworden, sich um ihre göttlichen Glieder schlang und sich mit ihr paarte. So ward Eurynome vom Nordwind, der auch Boreas genannt wird, schwanger.«[6]

Zwischen diesen beiden Mythen, die ungefähr um dieselbe Zeit entstanden sind, gibt es sowohl Gemeinsamkeiten, als auch Unterschiede: Der biblische erzählt von einem einsamen Gott, der pelasgische von einer, auch einsamen, Göttin. Der biblische Gott braucht niemanden sonst für sein Schaffen, Eurynome jedoch verführt den Nordwind und gebiert nach ihrer Schwangerschaft das Weltei, aus dem heraus die unbelebte und belebte Natur entsteht. Da Eurynome als ein Vogel- oder Fabelwesen und Ophion sowohl als Nordwind als auch als Schlange beschrieben wird, fällt es uns schwer, sie als ein erstes Elternpaar zu sehen – zumindest nicht als ein menschliches.
Interessant ist bei diesem Mythos allerdings, dass gleich zu Beginn die Schlange erwähnt wird, im biblischen Mythos tritt sie erst später auf. Denn das Bild der aufgerichteten Schlange ist überaus bedeutungsvoll, sie hat nämlich dieselbe Form wie die DNS, die genetische Struktur, Ursubstanz allen Lebens, die das

Genom eines jeden Tieres und Menschen trägt. Sie war wirklich von dem Augenblick an da, als das erste Leben sich regte. In einem anderen Teil der Welt, in Südamerika, erzählte man in der Maya-Kultur aus dem *Popol Vuh*, dem *Buch des Rates* folgenden Schöpfungsmythos:

»Im Dunkel warteten die Schöpfer, Gestalter, Vorväter: ›Tzakol‹, der Planer, ›Bitol‹, der Former, ›Tepeu‹, der Erfolgbringer, Urmutter ›Alom‹ und Urvater ›Calohom‹, auch die Federschlange ›Cucumatz‹, die großmächtige Gebärerin.
Sie waren in der Leere allein. Ihr Wesen ist große Kunde und Weisheit. Sie sind diejenigen, die Ideen haben, die ein Kind vom Nichts zu etwas bringen können.
Und die Zeit war gekommen.
Die Schöpfer begannen, in der Dunkelheit miteinander zu sprechen. Sie überlegten, fragten und berieten sich, was da werden solle. Sie planten den Beginn des Lebens, das Wachstum der Wälder und die Erschaffung der Wesen, die ihre Schöpfer rühmen sollten. Sie besprachen alles, bis ihre Ideen übereinstimmten und – wie Kristalle – feste Formen annahmen.«[7]

Es ist eine der schönsten mythischen Geschichten, die wir kennen. Darin wird genau das zum Ausdruck gebracht, was wir in vielen Psychotherapien erleben: Die Wendung nach innen, die Bereitschaft, sich von innen so führen zu lassen, wie sich die Israeliten von ihrem Gott führen ließen, eröffnet Möglichkeiten, die bisher weit außerhalb des Denkbaren und Realisierbaren lagen. Und die inneren Konflikte, die uns oft so viele Jahre quälen und beschäftigen, finden auch hier ihre Lösung, »sie besprachen alles, bis ihre Ideen übereinstimmten und – wie Kristalle – feste Formen annahmen«. Dies sei noch einmal wiederholt, weil es in einer prägnanten und gleichzeitig hoffnungsvollen Sprache das ausdrückt, was wir über die Mythen gewinnen können. Und Ähnliches lässt sich auch über die Gebote, hier insbesondere das Vierte Gebot sagen.

In diesem Mythos bringt also ein ganzes Team die ersten Menschen hervor. Und die Schlange ist auch wieder mit dabei. Es ist sehr beeindruckend zu sehen, wie sich in der intuitiven Schau der Menschen, die diese Mythen bekannt gemacht haben, schon vor Tausenden von Jahren das bildhaft dargestellt hat, was wir heute wissenschaftlich beweisen können. Zum Beispiel den genetischen Code, der die Form einer Doppelspirale aufweist. So finden wir in allen Mythen, gleichgültig, wann und wo sie erzählt wurden, unsere heutige Realität schon vorweggenommen, können in der bildhaften Mythensprache unser eigenes Los erkennen. Insofern ist in den Mythen das ganze Leben und die Entwicklung der Menschen mit all ihren Stärken und Schwächen, ihren widersprüchlichen Gefühlen und Bedürfnissen, ihren Beschwernissen, ihren Leidenschaften, ihrem Glück, ihrem Schmerz, ihrer Verzweiflung, ihrer Freude und nicht zuletzt ihrer Liebe und Sehnsucht enthalten. Es gibt heute keine individuelle Erfahrung, die nicht bereits in einem Mythos dargestellt ist. C.G. Jung empfahl deshalb den Menschen, die mehr über sich selbst wissen wollen, denen es ein Anliegen ist, sich selbst besser kennenzulernen, auf die Suche nach ihrem Mythos zu gehen. Denn es mag unendlich viele unterschiedliche Schicksale geben, doch es gibt nur eine begrenzte Anzahl von Strukturen, in denen das einzelne Schicksal eingebettet ist.

Die kosmische Schlange

In der Schöpfungsgeschichte der Maya gibt es also gleich zu Beginn eine Urmutter und einen Urvater sowie auch noch eine Gebärerin. Das heißt, allein die Substanz, welche die Federschlange symbolisiert, also der genetische Code, kann dafür sorgen, dass Leben entsteht. Sinnvoll ist hier auch, dass von einer gefiederten Schlange gesprochen wird, denn in ihr sind

Erde (= kriechende Schlange) und Himmel (= Federkleid, das nicht nur Vögel, sondern auch Engel tragen) miteinander vereint. Übrigens wurde ebenfalls im alten Ägypten von einer Schlange gesprochen, die sich am Firmament befindet. Natürlich wussten die Ägypter, dass Schlangen nicht fliegen können. Wenn sie dennoch das Tier in den Himmel hoben, kann es nur bedeuten, dass sie mit diesem Bild eine Aussage machen wollten, die sie nicht anders beschreiben konnten, denn das Wissen um den genetischen Code gab es noch nicht. Doch in der intuitiven Schau wurde diese geheimnisvolle Struktur erkannt und im Bild der Schlange am Firmament beschrieben. Zu Recht, wie wir heute wissen. Der Anthropologe Jeremy Narby, der sich auf den Pfaden der Schamanen zu den Ursprüngen modernen Wissens begeben hat, schreibt in seinem Buch *Die kosmische Schlange*:

»In der Literatur der Molekularbiologie stieß ich auf Beschreibungen, die mich völlig verblüfften. Zugegeben, ich hielt Ausschau nach etwas, das aus dem Rahmen des Üblichen fiel, denn durch meine Untersuchung war ich zu der Überzeugung gekommen, dass die DNS und ihre Zellmaschinerie eine höchst ausgefeilte Technologie kosmischen Ursprungs darstellen. ... Eine Tatsache bewegte mich ganz besonders: die astronomische Länge der DNS, die in einem menschlichen Körper enthalten ist – 200 Milliarden Kilometer. Hier, dachte ich, ist das Seil zum Himmel, von dem die Ashaninca sprechen: Es ist in uns allen, und es ist lang genug, um Himmel und Erde miteinander zu verbinden.«[8]

Da die Genetik uns noch weiter beschäftigen wird – letztendlich geht es ja um sie, wenn wir uns heute noch verpflichtet fühlen, die Gebote zu beachten, die uns vor ca. 3000 Jahren gegeben wurden, die also viele Generationen hindurch bis zu uns gelangt sind –, bleiben wir noch ein wenig in diesem Metier.
Uns ist heute bekannt, dass der genetische Code eines Menschen nur zu einem kleinen Teil für den Aufbau und die Erhaltung biologischer Prozesse gebraucht wird. Der weitaus grö-

ßere Teil scheint unnütz zu sein. Die Molekularbiologen sprechen von ihm auch als ›Nonsens-DNA‹ oder ›Junk-DNA‹. Weil sie nicht erkennen können, ob und wenn ja wozu die DNA wohl noch gebraucht wird. Da wir allerdings in der Natur nichts finden, was keine Funktion oder Bedeutung hätte, können wir annehmen, dass die genetische Struktur noch zu etwas anderem dient als zur Kreation und Erhaltung von Leben. Sie hat – so sehen es inzwischen einige Wissenschaftler – Bewusstseinsqualitäten, die wir mit unserer Ratio nicht ermessen können, die uns nur die Seele in der intuitiven Schau vermitteln kann – so wie Mose sie auf dem Berg Sinai empfangen hat. Der Neurobiologe Gerald Hüther hat sich mit dem Phänomen der ›Junk-DNA‹ befasst. Er meint, dass unsere Fantasie und unsere inneren Bilder durch diesen scheinbar nutzlosen Teil der DNA gespeist werden. Auch das kollektive Gedächtnis ist in der genetischen Struktur eines jeden Menschen gespeichert:

»Wie viel zur unmittelbaren Lebensbewältigung und zur kurzfristigen Sicherung ihres Fortbestands nicht direkt nutzbares, aber dennoch kollektiv tradiertes Wissen trägt jede menschliche Gemeinschaft, jede Familie, jede Sippe und jede Kulturgemeinschaft mit sich herum? Wozu brauchen wir all die Familienchroniken, Geschichtsbücher, Sagen und Märchen, alten Gesetzesblätter, überholten Rituale und verstaubten Bibliotheken? Auch sie sind nichts weiter als ein sich ständig erweiterndes Reservoir gemeinsamer innerer Bilder. Auch sie brauchen wir nicht zum nackten Überleben. Dennoch sind sie möglicherweise das Wertvollste, was wir besitzen. Wenn sich die Verhältnisse ändern und die bisherigen sozialen Strukturen zusammenzubrechen drohen, kann dieser kollektive Bilderschatz Rettung bringen.«[9]

Mit dem letzten Satz sagt Hüther im Grunde das aus, was unser Anliegen mit diesem Buch ist. Wenn die Verhältnisse sich ändern – es gab in unserem Land noch nie so viele alte Menschen, alte Mütter, alte Väter –, ist es sinnvoll, sich darüber klar zu werden, was wir vom Umgang mit alten Menschen schon wissen, welche entsprechenden Maßgaben im kollektiven Bewusstsein bereits gespeichert sind.

Das Geheimnis von Leben und Tod

Kehren wir zu diesem Zweck zurück zu unserer Suche nach dem Urelternpaar. Wir finden es nicht – wohin wir auch schauen. Es gab kein Urelternpaar. Zumindest nicht in den frühen Zeiten. Das, was die Menschen kannten, nachdem sich ihr Bewusstsein so weit entwickelt hatte, dass sie nach dem Woher und Wohin fragten – also vor etwa zwanzig- oder auch schon dreißigtausend Jahren v.u.Z. – war das Mysterium von Geburt und Tod. Das Geheimnis des Todes bleibt uns auch heute noch verschlossen, doch das Tor zu neuem Leben war seit jeher deutlich sichtbar: der weibliche Schoß. Aus ihm kamen und kommen die Kinder, und an den Brüsten der Frau fanden und finden sie ihre Nahrung. Die Mutter und das Kind bildeten also das Urpaar.

»Nur die eine Hälfte der Menschheit bringt offensichtlich Leben hervor, und deshalb steht am Beginn der menschlichen Kultur die Verehrung des Weiblichen als des Numinosen, welches das Geheimnis des Lebens birgt«, schreibt dazu Carola Meier-Seethaler in ihrem Buch *Ursprünge und Befreiungen*.

Und die Väter? Wo waren sie? Die blieben damals so unsichtbar, wie sie es auch heute noch in vielen Familien sind. Natürlich gehört ein Mann dazu, wenn eine Frau schwanger wird. Doch die Menschen in den Urzeiten wussten das noch nicht. In Frauen regte sich einfach immer wieder neues Leben, das auch folgerichtig als göttliche Gegebenheit in Gestalt einer Muttergottheit verehrt wurde. Weil Leben aber auch Tod bedeutet – sei es, dass die Frau bei oder kurz nach der Geburt stirbt, sei es, dass die Tage des herangewachsenen Menschen ein natürliches Ende finden –, wurde es nicht nur mit Freude, sondern auch mit Furcht betrachtet. Die Verbindung von Freude und Glück – ein Kind erblickt das Licht der Welt – mit Angst und Schmerz – das Leben ist vergänglich – finden wir in dem folgenden Wort und seinem emotionalen Ausdruck: Ehrfurcht. Die Ehrfurcht vor dem Leben, sagte Albert Schweitzer, ist die Grundlage der Ethik. So gesehen beruht Ethik sowohl auf der ›Ehre‹ = Freude und Glück, als auch auf der ›Furcht‹ = Angst und Schmerz. Wenn wir uns aus dieser Sicht einmal den Ausgangspunkt unserer Suche nach dem Urelternpaar, nämlich das Gebot Vater und Mutter zu ehren, anschauen, dann würde es jetzt bedeuten, dass in den Eltern, die wir haben, und im eigenen Elternsein Freude und Glück, Angst und Schmerz vereint sind. Die Eltern zu ehren, könnte demnach heißen, sich dieser Gefühle bewusst zu werden. Zu wissen, dass Eltern von diesen Gefühlen durchdrungen sind. Dass es letztlich, wenn man nur ganz genau in sich hineinlauscht, in jedem Menschen diese emotionale Spannung gibt. Ist das nicht Grund genug, sich jederzeit freundlich und behutsam sowohl sich selbst als auch den Eltern gegenüber zu nähern?

Frauen und Männer in getrennten Welten

Das Weibliche war also zu Beginn der menschlichen Kultur das Heilige, und das Männliche diente ihm. Selbst als die Menschen damals herausgefunden hatten, dass neues Leben nur durch die Verbindung von Frau und Mann möglich ist, wurde nicht der ›Vater‹ erfunden. Die Menschen lebten in Clans, die Frauen zusammen mit den Kindern und die erwachsenen Männer unter sich. Die Brüder kümmerten sich im Mutterclan um die Schwestern, und wenn diese geschlechtsreif wurden, suchte der Bruder den passenden Mann für die Schwester. So ist es ja zum Teil heute noch bei verschiedenen orientalischen Völkern. Auf Dauer jedoch empfand sich der Mann in den matrilinearen

Kulturen »als der Fremde in der Natur und als Außenseiter des Lebens, an dessen Magie er nicht unmittelbar teilhatte«.
Was ja kein Wunder ist. Alles Ausgeschlossene – sei es tatsächlich so oder wird es von den Betroffenen so angenommen – beginnt irgendwann zu rebellieren, denn der Wunsch dazuzugehören ist ein menschliches Grundbedürfnis. In der Natur haben Minderheiten nur wenig Überlebenschancen. So sehen sie sich früher oder später gezwungen, Verbindungen einzugehen. Entweder mit dem begehrten anderen oder mit ihresgleichen. Dieser Prozess bedeutet jedoch entweder Unterwerfung oder Kampf. Man unterwirft sich dem Stärkeren, dient ihm, um von ihm angenommen zu werden, oder man kämpft gegen ihn, führt so lange Krieg, bis der Stärkere alle Rechte für sich in Anspruch nimmt. Da Männer von Natur aus meistens über größere körperliche Kräfte verfügen, entscheiden sie sich in der Regel für den Kampf und so entstand nach und nach eine patriarchale Gesellschaftsstruktur. Spätestens jetzt, können wir annehmen, steht endlich der Mann an der Seite der Frau, die das Kind geboren hat, und nennt sich Vater. Das war aber nicht so – ist es oft auch heute nicht. Denn Männer neigen dazu, sich lieber in Männerbünden aufzuhalten – sowohl im politischen wie im privaten Bereich. Aus diesem Grund hat sich die Lebensform des Elternpaares mit Kind(ern) viel später und eher zögernd, eigentlich erst in unserer Zeit etabliert. Zwar begannen die Männer, sich so nach und nach Vater zu nennen, doch meistens blieb dieser Begriff in seiner Bedeutung, die dem der Mutter gleichkommt, leer. Es gab die Oberherrschaft des Mannes in einem Clan und dann in einer Familie, aber gab es im Allgemeinen den Mann, der sich an der Seite der Frau genauso wie sie um das Wohl des Kindes oder der Kinder kümmerte? Gab es also praktisch, nicht nur als Begriff, Mutter und Vater als gemeinsam für das Kind sorgendes ›Elternpaar‹? Vereinzelt kann es sicher zu finden sein, doch wenn wir die verschiedenen Familienstrukturen in der patriarchalen Gesellschaft durchforsten, finden wir, dass Frauen und Mütter, Männer und ›Väter‹,

wie einst in der matrilinearen Gesellschaft, in getrennten Gruppen leben. Zudem war es immer auch so und ist es heute noch, dass manche Frauen nicht wissen, von welchem Mann sie schwanger geworden sind; dass viele Kinder den Mann, der sie gezeugt hat, nicht kennen. Kann man in solchen Fällen von ›Vätern‹ sprechen?

Die Heilige Familie

Das gesuchte ›Urelternpaar‹ ist also wahrscheinlich Ausdruck einer tiefen Sehnsucht der Menschen, vor allem der Kinder, von Mutter und Vater geliebt und umsorgt zu werden. Insofern ist der Begriff ›Eltern‹ wohl aus dem Bedürfnis heraus entstanden, als Drittes, nämlich als Kind, in eine Zweisamkeit, nämlich Mutter und Vater, hineingezogen zu werden, um so die vollständige Geborgenheit zu erfahren. Wenn das Kind nur entweder die Mutter oder den Vater hätte, auf die oder den es sich verlassen kann, wäre sein Überleben gefährdet, denn Mutter oder Vater könnten es verlassen und dann wäre es ganz allein. Hat es jedoch Mutter und Vater, die Eltern, an seiner Seite, fühlt es sich stärker geschützt. Die Vorstellung eines Elternpaares entspringt also vornehmlich dem Sicherungsbedürfnis des Kindes. Das Urelternpaar ist ein uraltes Sehnsuchtspaar, dem eine starke Energiequelle in der Seele zugrunde liegt: überleben zu wollen. Und nicht nur das: Schon bei der ›JUNK-DNA‹ haben wir gesehen, dass es in unserer Welt nicht nur um Biologie, nicht nur um das nackte Überleben geht, sondern dass sich mit der Entfaltung dessen, das wir Bewusstsein nennen, auch noch etwas anderes realisieren will. Der Mensch ist schließlich ein Wesen, das mit seinen Füßen auf der Erde steht, mit seinem Kopf jedoch in den Himmel will. Sein Bestreben ist es, nicht nur fest verankert im materiellen Bereich, der Natur, zu sein, sondern auch ›hinaufzufliegen‹ – wie die Federschlange – in die immaterielle, die geistige Welt. Das beste Beispiel dafür ist Mose auf dem Berg Horeb vor dem brennenden Dornbusch. Gott sagt zu ihm: ›Zieh dir die Schuhe von den Füßen; denn die Stätte, auf der du stehst, ist heiliger Boden.‹ Wir könnten das so verstehen, dass Mose ein tatkräftiger, bodenständiger Mann ist, der von einem ihn beinahe verzehrenden Feuer nach dem Göttlichen erfüllt ist. Er steht also nicht nur auf gewöhnlichem Sand oder Geröll, sondern auf von Gott geweihter Erde. Diese Sehnsucht nach der Transzendenz aber glüht in allen Menschen, selbst wenn es ihnen nicht – noch nicht – bewusst sein sollte.

Das Kind möchte deshalb bei Mutter und Vater geborgen sein, weil es zu seiner seelisch-geistigen Entfaltung die Anschauung beider braucht. Auf der biologischen Ebene wird es durch das Genom, das von den Eltern kommt, geprägt. Genauso aber ist der scheinbar nutzlose Teil der DNA in ihm wirksam. Die DNA stellt uns als Informationsträger das Wissen des kollektiven Unbewussten und des kollektiven Bewusstseins zur Verfügung, das durch die Verschmelzung mit den individuellen genetischen Anteilen die Einzigartigkeit der eigenen Persönlichkeit bewirkt. Das, was im Inneren geschieht, gelangt jedoch nur dann richtig zur Entfaltung, wenn es nach außen projiziert werden kann. Das heißt, das Kind braucht den Anblick der Mutter und des Vaters. Es muss sehen können, wie diese beiden Menschen, von denen es abstammt, aussehen, wie sie sich verhalten, was deren Persönlichkeit ausmacht. Nur so kann es selbst zu seiner Einzigartigkeit heranreifen. Das Mädchen muss sich nicht nur mit der Mutter identifizieren können, es muss auch sehen, wie der ›Andere‹, der Vater ist. Und der Junge, der von Anfang an mit der Mutter konfrontiert ist, braucht den Anblick des Gleichgeschlechtlichen zur Identifizierung. Insofern ist im seelisch-geistigen Bereich des Menschen ein starkes Energiefeld konstelliert. Dieses Energiefeld ermöglicht die Entwicklung und Entfaltung der Ganzheit eines Menschen.

Wir können jetzt also verstehen, warum die Sehnsucht nach dem Elternpaar so zentral in uns angelegt ist. Die Geschichte von der ›Heiligen Familie‹ – Maria und Josef mit dem Jesuskind – wirkt deshalb so faszinierend auf uns. Kaum jemand kann sich dem Gefühl, das mit der Darstellung der Geburt des ›göttlichen Kindes‹ verbunden ist, entziehen. Beim Weihnachtsfest, das die meisten Menschen emotional sehr berührt, auch wenn viele die damit verbundene Kommerzialisierung, den Kitsch und den Rummel, das Oberflächliche, das in dieser Zeit auch zum Ausdruck kommt, ablehnen, bleibt doch das Bemühen der meisten Menschen, ein großes Fest vorzubereiten, bestehen. Dabei ist Josef gar nicht der leibliche Vater dieses gefeierten Kindes, denn es hat einen solchen nicht. Dennoch löst das Bild dieses ›heiligen‹ Paares genau das aus, was wir in einem Elternpaar sehen und spüren müssen: die Ehrfurcht vor dem Leben, vor dem Heiligen.

Das Drehbuch des Lebens – die Kette der Generationen

Wir ergründen noch immer die Frage, wozu es gut sein soll, die Eltern zu ehren. Abgesehen davon, dass ethisches Können das gesellschaftliche und familiäre Leben einfacher und reibungsloser gestaltet, weisen wir in diesem Zusammenhang immer wieder auf das Phänomen der Introjekte hin. Unser jetziges Leben und unser So-geartet-Sein hängt jedoch nicht nur von der genetischen Ausstattung ab, den frühkindlichen Prägungen und den Identifizierungen, die wir stets aufs Neue vornehmen – unser Leben lang –, es umfasst nicht nur unseren engsten Verwandtenkreis, unsere Eltern, sondern viel weiter unsere Großeltern sowohl der mütterlichen als auch der väterlichen Familie sowie deren Eltern, Geschwister und darüber hinaus die weiter zurückliegenden Generationen. Das ist nicht nur ein Ein-, sondern ein Mehrgenerationen-Vertrag, in den jeder von uns zeitlebens eingebunden bleibt.
Zwar beginnt es zunächst mit einer Frau und einem Mann. Doch schon an diesem Anfangspunkt sind die beiden Menschen nicht frei in ihren Gefühlen und in ihrer Partnerwahl. Wie der Kognitionspsychologe David Perrett anhand von Fotos menschlicher Gesichter herausgefunden hat, bevorzugen wir bei der Partnerwahl diejenigen Personen, die eine gewisse Ähnlichkeit mit dem jeweils gegengeschlechtlichen Elternteil aufweisen. Auch dass wir durch den Anblick unserer Eltern wis-

sen, was attraktiv ist, stellen Biologen längst nicht mehr infrage. Die meisten Tiere lernen in ihrer Kindheit, mit wem sie sich später paaren sollen. Nur wir Menschen meinen nach wie vor, wir träfen ganz individuelle Entscheidungen, wenn es um Partnerschaft und Familie geht.

Das Paar, das sich gefunden hat und nun darangeht, eine eigene Familie zu gründen, erzählt sich in seiner Anfangszeit sicher oft, wie jeder von ihnen aufgewachsen ist, welche Bräuche und Rituale es in seiner und ihrer Familie gegeben hat, welche Weltanschauungen und Wertmaßstäbe die Eltern ihnen vermittelt haben. Sie mögen diese gut, richtig, schön oder nicht so gut, nicht so stimmig oder auch albern finden, doch die entsprechenden Prägungen werden die beiden jungen Menschen in der Regel nicht daran hindern, zusammenzubleiben und an Nachwuchs zu denken. Im Gegenteil, oft stellen die beiden auch hier einige Gemeinsamkeiten und vertraute Gewohnheiten fest.

Doch meistens denken sie nicht daran, dass ein unbewusster ›Beziehungsvertrag‹ die Grundlage ihrer Verbindung bildet. So wie innere Bilder der Elternpersonen die Partnerwahl bestimmen, lässt uns auch ein unbewusster Auftrag, der in der Regel vom gegengeschlechtlichen Elternteil übermittelt wurde, nach dem Partner Ausschau halten, der geeignet scheint, diesen Auftrag bestmöglich zu erfüllen. Hierzu ein Beispiel.

Verlasse mich nicht!

Eine Frau, Anfang 40, kam mit allen Merkmalen einer Depression, zu der starke Schuldgefühle gehörten, in eine psychotherapeutische Behandlung. Sie glaubte, ihr Leben sei im Wesentlichen vorbei, stellte sich darauf ein, nun »nur noch so irgendwie vor mich hin« zu leben, ohne Freude und gleich gar nicht mit dem Gefühl, glücklich zu sein und ihr Leben befriedigend zu Ende zu führen. Ihre Lebensanalyse ergab Folgendes:

Der Vater wünschte sich von seiner Tochter, sie möge ihn nie verlassen, möge sein Leben lang bei ihm bleiben. Wie kam er auf so einen Wunsch, da er doch eine ihn liebende, attraktive Frau an seiner Seite hatte?

Es stellte sich heraus, dass es schon der Wunsch seiner Mutter – also der Großmutter dieser Frau – war, dass er stets an ihrer Seite bleibe. Sein Vater war ein einfacher Mann, der einen kleinen Handwerksbetrieb führte, was seiner Frau jedoch nicht gut genug war. Diese intelligente Frau hatte sich ein geistig mehr differenziertes Leben vorgestellt und erzog dann den Sohn zu ihrem Gesprächspartner. Mit ihm konnte sie ihre geistigen Interessen teilen. Dieser Junge hatte also von seiner Mutter die Botschaft erhalten: »Verlass mich nicht!« und gab sie dann an seine Tochter weiter.

Solche Wünsche oder Aufträge werden in der Regel nicht bewusst geäußert. Sie entstehen im inneren Kind des Erwachsenen, denn sie sind Relikte aus den ersten Lebensjahren. Das, was in der Kindheit offengeblieben ist, was nicht erfüllt wurde oder wovon es nicht genug gab, wird als Sehnsucht oder auch als ›Schuld‹ – zum Beispiel dem Wunsch des betreffenden, gegengeschlechtlichen Elternteils nicht gerecht geworden zu sein – an die eigenen Kinder weitergegeben.

Wenn nun der Vater sieht, dass seine Tochter bei ihm bleibt, so bedeutet das für ihn, noch rückwirkend den Auftrag seiner Mutter erfüllt zu haben. Rational gesehen mag dies unlogisch klingen, doch die Seele funktioniert nicht unbedingt nach rationalen Überlegungen.

Die junge Frau heiratete jung und bekam in rascher Folge drei Kinder, wurde jedoch nicht wirklich glücklich. Denn sie hatte ja der Botschaft ihres Vaters, ihn nicht zu verlassen, zuwidergehandelt. Ihr Ehemann verstand sie nicht, denn »du hast doch alles, was du brauchst« und »dir geht es sogar viel besser als meiner Mutter, die ihr Leben lang schwer in unserer Gaststätte arbeiten musste«. So erfüllte der Ehemann die Sehnsucht *seiner* Mutter, nicht mehr von morgens bis abends in einem Betrieb stehen zu müssen, wenn er seiner Frau ein ruhiges Hausfrauendasein ermöglichte.

Was wollte sie *eigen*tlich?

Nun stellt sich hier natürlich die Frage: Was wollte diese Frau selbst eigentlich aus ihrem Leben machen? Kann das Ziel des Lebens darin bestehen, die heimlichen Sehnsüchte und Wünsche der Eltern zu erfüllen?

Diese Frage lässt sich nicht so einfach beantworten. Denn: Wer ist sie selbst denn? Die Individualität eines Menschen kann nicht losgelöst von seiner Herkunft gesehen werden. Und jedes Kind stammt nicht nur von einer Familie ab, sondern von mindestens zweien.

Das heißt, in einem Menschen summieren sich Eigenschaften vieler Vorfahren, wobei wahrscheinlich die von den letzten und vorletzten – Mutter, Vater und zwei Großelternpaare – am deutlichsten erkennbar sind.

Im Individuum trifft sich das Individuelle mit dem Kollektiven. Wer kann also ganz einfach sagen, wie er oder sie selbst ist? Eine Legierung körperlich-seelischer Bestandteile, zum Beispiel einer ›ostpreußisch-polnischer Sippe‹? Die Frage nach der Individualität und damit der Individuation, um die es in vielen Psychoanalysen geht, ist wirklich nicht leicht zu beantworten. Und doch: Jeder Mensch ist höchst individuell. Der mechanische oder genetische Fingerabdruck beweist es. Wie ist das möglich? Wie bringt die Natur das Kunststück fertig, aus einer Ansammlung von unzählig vielen biologischen und geistigen Faktoren ein einmaliges Exemplar, ein ganz individuelles, menschliches Wesen sich gestalten zu lassen? Wenn wir auch nicht genau wissen, wie das möglich ist, können wir diese Tatsache dennoch mit großem Respekt betrachten, weil wir wissen: Wir können aus einem Lebenszuschnitt, also den elterlichen Einflüssen, nicht einfach ›aussteigen‹, wir können es nicht so mir nichts, dir nichts ›auflösen‹, indem wir sagen »vergiss alles, was deine Eltern dir gesagt und gezeigt, was sie dir vermittelt haben, was sie dich fühlen ließen, denn es hat keine Bedeutung für dich!«.

Das geht nicht, selbst wenn jemand fest dazu entschlossen sein sollte. Die Hirnforschung hat zudem aufgezeigt, dass die Erfahrungen der frühen Kindheit nicht verändert und schon gar nicht eliminiert werden können.

Doch es gibt eine Lösung, nicht in der Einbahnstraße eines einmal eingeschlagenen Lebensweges hängen bleiben zu müssen. Wenn die Stimmen im Kopf immer wieder die gleichen elterlichen Direktiven wiederholen, dann besteht die Befreiung von ihnen darin, zu sagen: »Ja, ich werde sie erfüllen, aber auf meine Art. Weil ich weiß, dass ich trotz meiner Sippenzugehörigkeit ein Individuum mit einem unverwechselbaren Fingerabdruck bin.«

Genau hier liegt der entscheidende Punkt, wenn wir unsere Familiengeschichte betrachten. Wir müssen den ›Umschaltknopf‹ finden, der uns erlaubt, das Eingebundensein in einen Familienverband anzunehmen und gleichzeitig die Individualität zu bejahen und letztlich aus ihr heraus zu handeln.

Dass es ohne Familie nicht geht, erkennen wir daran, dass wir sie überall auf der Welt seit Tausenden von Jahren, schon in den großen Mythen der Völker, finden. Davon ausgehend, entdecken wir auch in jeder ›kleinen‹ Familie einen ›Mythos‹, nach dem diese Familie ihre Ansichten, ihr Handeln und natürlich vor allem ihre Tradition, die manchmal auch wie ein Zwang wirken kann, ausrichtet. Das Thema der Familie, aus der die eben erwähnte Klientin stammt, heißt ›Einsamkeit‹, welches übrigens, gerade in den heutigen Kleinfamilien, oft eine große Rolle spielt.

Gefangen – aus einer Paartherapie

Der Mann, Mitte 30, ist Arzt, die Frau, Anfang 30, arbeitet in leitender Position in einem sozialen Beruf, sie haben zwei Kinder. Grund für die Paartherapie ist ein Ehekonflikt, der aufgrund einer Außenbeziehung des Mannes vor etwa zwei Jahren erneut aufgebrochen ist, die Ehe war schon vor dieser Außenbeziehung konfliktreich. Wie in sehr vielen Ehen fühlte die Frau sich nach den Geburten der Kinder von ihrem Mann alleingelassen, der zu dieser Zeit seine Karriere aufbaute. Die Stimmung zu Hause war also alles andere als friedvoll und entspannend, was sicher mit ein Anlass war, dass er sich in eine Kollegin verliebte, mit der er »wunderschöne, geistreiche Gespräche« führen konnte. Seine Frau reagierte verständlicherweise tief verletzt, als sie nach etwa einem Jahr von dieser Beziehung erfuhr.

Wenn wir uns die Therapiesitzungen wie die Aufführung auf einer Theaterbühne vorstellen, dann sieht die Szene so aus: Auf der einen Seite sitzt eine tief gekränkte Frau mit über der Brust verschränkten Armen, oft stark nach vorne geneigt, als müsse sie sich schützen. Auf der anderen Seite sitzt der Mann, auch mit über der Brust verschränkten Armen, aber mit zurückgelehntem Oberkörper, als weiche er einer Bedrohung aus. Beide signalisieren mit dieser Haltung: »Ich lasse dich nicht an mich heran.«

Auf die Frage an die Frau: »Was wollte wohl Ihr Vater von seiner Tochter?«, antwortet sie: »Dass sie einerseits seinen Söhnen in nichts nachsteht, andererseits aber dem traditionellen Rollenverständnis entspricht.«

Das ist eine Pattsituation, in der das kleine Mädchen sich gefangen fühlt, ihre Haltung zeigt dies deutlich.

Der Vater hatte eine Mutter, die nach außen hin angepasst die Rolle der guten Hausfrau spielte, trotzdem insgeheim ›ihr Ding‹ machte. Das ist denn auch die Botschaft des Vaters an seine Tochter: ›Spiel die angepasste Frau, aber sei trotzdem stark und leiste Außergewöhnliches.‹

Genau das hat die Frau bisher versucht, nämlich Kinder, Haushalt und Beruf selbstständig und selbstverständlich zu meistern. Sie hat sich nicht gestattet, Hilfen in Anspruch zu nehmen oder einfach alles hinzuschmeißen und ihrem Mann zu sagen: »Das will und kann ich nicht! Lass uns gemeinsam nach einer Lösung suchen.« Das kam ihr deshalb nicht in den Sinn, weil sie auf den Wunsch des Vaters ›programmiert‹ war.

Wenden wir uns nun dem Ehemann zu: Was wollte seine Mutter von ihrem Sohn? »Sie hat mich sehr geliebt und wollte von mir wiedergeliebt werden, ihren Wunsch nach Nähe stillen. Und sie wollte, dass ich ihr einen Zugang zu neuen geistigen Welten gebe, die sie aus Angst allein gescheut hat.«

Seither ist dieser kleine Junge also auf der Suche nach einer Frau, die sich zärtlich von ihm lieben lässt und der er Zugang zu höheren geistigen Ebenen öffnen kann. Sicher gibt es auch in seiner Ehefrau den Wunsch, zärtlich geliebt zu werden. Doch weil sie den Auftrag hat, stark zu sein und alles selbst zu machen, konnte sie sich diesem Wunsch nicht wirklich hingeben. Und wenn einmal zwei kleine Kinder zu versorgen sind, gibt es wenig bis keine Zeit für die Beschäftigung mit einer Welt des Geistes.

Also sucht sich der kleine Junge – unbewusst – ein weibliches Wesen, dem er das geben kann, was seine Mutter sich gewünscht hatte. Das ist ihm zwar gelungen, nur ist es nicht seine Ehefrau. Mit ihr sitzt er deshalb in der ›Familienfalle‹. Und wie kommen die beiden da heraus? Wo finden sie eine Lösung? Oftmals entdeckt man sie bei den Großeltern.

Der Großvater des Ehemannes mütterlicherseits war ein äußerst gütiger, den Menschen zugewandter Mann, der allerdings früh verstorben ist, kurz nach der Geburt seiner Tochter, der Mutter des Ehemannes. Er war als Gynäkologe sehr tüchtig und brachte es in relativ jungen Jahren zum Chefarzt. Allerdings schob er dafür eine fällige Blinddarmoperation so lange hinaus, bis es zu spät war und er an einer Sepsis starb.

Kann er trotzdem für seinen Enkel hilfreich sein? Ja, wenn dieser sich damit auseinandersetzt, ob er ebenfalls den größten Teil seiner Zeit seinem Beruf widmen oder ob er sich nicht lieber mehr mit seinen Kindern beschäftigen will. Er könnte also den Auftrag seiner Mutter auf seine Weise erfüllen, wenn er seinen Kindern den Zugang zur geistigen Welt vermitteln würde.

Vielleicht entscheidet er sich für diese, seine individuelle Variante des Auftrags und sagt seiner Mutter: »Du hast mich zu einem zärtlich liebenden Mann mit viel Gespür für die geistige Welt erzogen. Dafür bin ich dir dankbar und ich verwirkliche diese Eigenschaften zugunsten meiner Familie. Ich gebe ihr, was ich zu geben habe.«

Und seine Frau könnte sich dafür entscheiden, ihrem Vater zu sagen: »Deinen Wunsch, eine konventionelle Hausfrau zu sein, erfülle ich dahingehend, indem ich eine Fachkraft einstelle, die meinen Haushalt perfekt versorgt, sodass ich mit Freuden meinem Beruf nachgehen kann und dort leiste, was auch meine Brüder schaffen würden.« Das wäre dann ihre individuelle Variante, Vaters Wunsch zu erfüllen.

Kinder wollen ihre Eltern lieben und dazugehören

An dieser Stelle taucht vielleicht bei Ihnen die Frage auf: »Müssen die elterlichen Wünsche denn unbedingt erfüllt werden? Wäre es nicht vernünftiger und gesünder, diese, nachdem sie bewusst geworden sind, zurückzugeben und gleich zu sagen: ›Ich lebe mein Leben auf meine Weise.‹ Nein, das wäre nicht vernünftiger und sicher auch nicht heilsam. Aus zweierlei Gründen:

1. Jedes Kind wird mit dem Bedürfnis geboren, seine Eltern zu lieben. Nicht nur, damit diese es auch zuverlässig versorgen. Es scheint ein Grundbedürfnis, ›lieben zu dürfen‹, im Menschen zu geben. Kinder lieben ihre Eltern, sie wollen sie lieben und

sie tun dies oft auch dann noch, wenn sie von ihnen vernachlässigt, abgeschoben oder gar misshandelt werden.
Aus diesem Bedürfnis heraus wollen Kinder auch, dass es ihren Eltern gut geht, dass sie glücklich sind. Sie sind sogar bereit, sehr viel für das Glück der Eltern zu tun, und machen sich oft Vorwürfe, es nicht geschafft zu haben, wenn sie sehen, dass die Eltern unglücklich sind. Oder sie meinen sogar, sie seien schuld am Unglück der Eltern.
Aus diesem Grund nützt es nichts, wenn man den inneren Kindern nahelegt, sich nicht mehr um die Aufträge der Eltern zu kümmern.
2. Es ist für fast alle Menschen wichtig, ›dazuzugehören‹. Die eigene Familie ist natürlicherweise die erste Gemeinschaft, zu der das Kind sich zugehörig fühlt. Auch wenn der erwachsene Mensch sich später eigene Gruppierungen von Gleichgesinnten sucht, schließlich eine eigene Familie gründet, bleibt das Bedürfnis, zur Ursprungsfamilie zu gehören, meistens ein Leben lang bestehen.
Aus diesen Gründen ist es besser, darauf hinzuarbeiten, seinen Eltern mit Respekt und Zuneigung zu begegnen, als zu verlangen, sich von ihnen zu lösen – was sowieso nicht geht, da die Eltern über Erbanlagen und frühe Prägungen in jedem Menschen präsent sind.
Zu diesen Überlegungen gehört auch noch ein anderer Gesichtspunkt in Bezug auf die Sippe. Familien bestehen nicht nur aus einer Ansammlung von ganz bestimmten Genen, die immer weitergegeben werden; sie stellen auch ein Sammelbecken von unschätzbaren Eigenschaften dar, von Begabungen, Werten und Lebensweisheiten. Nicht von ungefähr sind wir alle immer wieder fasziniert von bedeutenden Familien, wie zum Beispiel der Familie ›Mann‹, von der in letzter Zeit viel die Rede gewesen ist, oder von der Familie ›Weizsäcker‹, die große Persönlichkeiten hervorgebracht hat. Erzählungen von Familien, die oft einige Generationen umfassen, erfreuen sich stets großer Beliebtheit.

Und nicht von ungefähr werden auch Berichte über die europäischen Königshäuser von entsprechenden Boulevardblättern gerne veröffentlicht, denn das Interesse sehr vieler Leser und Leserinnen ist diesen Zeitschriften gewiss. Wahrscheinlich wird die Neugier an solchen Geschichten von der Sehnsucht gespeist, auch einer bedeutenden Familie anzugehören. Nicht, dass in so einer ›großen‹ Familie alles gut und schön sein muss. Nein, die Sehnsucht bezieht sich schlicht auf das Dazugehören – eine/einer von denen zu sein, die darum kämpfen, mit ihrem Schicksal fertig zu werden. Sie sollen uns vormachen, wie man sich mit allen möglichen Querelen, die es realistischerweise in jeder Familie gibt, auseinandersetzt und sie meistert. Oder auch nicht. Dann wollen wir damit konfrontiert werden, dass man auch einem Schicksal unterliegen und seine Unausweichlichkeit annehmen kann.

Auch wer es vielleicht als Kind und Jugendlicher schwergehabt hat in seiner Familie, möchte doch sagen können: ›Ich gehöre da hinein.‹ Dieses Bekenntnis stellt für die meisten Menschen einen Wert dar, den sie nicht missen mögen.

So gesehen können die ineinandergreifenden Lebensgeschichten von Familien – gleichgültig, ob es sich um gute, also Gewinner-Skripts, oder um schlechte, Verlierer-Skripts, handelt – sowohl Anlass für vielfältigen Konfliktstoff, aber auch eine Möglichkeit von unermesslichen Ressourcen sein. Denn im Genom eines Menschen sind sehr viele Eigenschaften seiner Vorfahren gespeichert. Es käme dann nur darauf an, diejenigen abzurufen, die das eigene Leben interessant und reich machen, die für mehr Lebensqualität sorgen. Wir sind immer frei, das aus unserem unermesslich großen Ressourcenspeicher zu holen, was dem individuellen Leben dienen kann.

Ausgleich und Gerechtigkeit

Und dann gibt es noch einen Aspekt, unter dem man die ineinandergreifenden Familiengeschichten sehen kann und sollte. Es ist der Hinweis auf die »unsichtbaren Loyalitäten«. Der Familientherapeut Boszormenyi-Nagy wies darauf hin, dass es oftmals unsichtbare Bindungen zwischen Familienmitgliedern geben kann, auch wenn diese nicht der gleichen Generation angehören oder sogar dann, wenn sie niemals bewusst voneinander erfahren haben. Plötzlich kann in einer Familie ein Kind auftauchen, das von seiner Art her einem anderen, vielleicht schon verstorbenen Mitglied aus der Sippe gleicht und sich – unbewusst – aufgerufen fühlt, etwas von diesem Mitglied nicht Gelebtes, etwas unerfüllt Gebliebenes in das eigene Leben hineinzunehmen, es zu leben, zu erfüllen und somit auszugleichen.

Denn es geht in Familienverbänden wie in allen geschlossenen Systemen immer wieder darum, ein Gleichgewicht herzustellen. Kommt es irgendwo zu einer ›Schieflage‹, wird sich anderswo etwas konstellieren, was dies ausgleicht.

Zum Beispiel gab es in einer Familie, wie schon erwähnt, eine ›lasterhafte‹ Tante. Sie blieb unverheiratet, hatte jedoch viele, wechselnde Liebschaften mit verschiedenen Männern. Sie wurde in ihrer Familie geächtet. Man benutzte sie als ›Sündenbock‹, indem man auf sie die eigenen abgelehnten und ungelebten Seiten projizierte, sie ›Flittchen‹ nannte und ›in die Wüste‹ schickte. Das heißt, sie wurde das ›schwarze Schaf‹ der Familie, über das nicht gesprochen werden durfte.

In der folgenden Generation gibt es ein junges Mädchen, das sich fest vornimmt, niemals zu heiraten. Es kann auf die Frage, warum ihr das so wichtig sei, keine plausible Antwort geben, sie will es eben so.

Doch sie lebt ein ehrbares Leben ohne irgendwelche Affären, ist tüchtig in ihrem Beruf und gestaltet ganz selbstständig ihr Leben. Eines Tages jedoch – sie weiß nicht, warum – keimt in

ihr doch der Wunsch nach einer Partnerschaft auf. Gleichzeitig spürt sie aber auch Angst vor einer Bindung.
In den therapeutischen Gesprächen wird sie einmal nach einem möglichen ›schwarzen Schaf‹ in der Familie gefragt. Sie weiß nichts darüber, erfährt jedoch bei einem Gespräch von ihrer Mutter, dass es die ›lasterhafte Tante‹ gegeben habe, der sie auch zum Verwechseln ähnlich sieht. Da wird die Aufgabe deutlich, die ihr auf irgendeine geheimnisvolle Weise in ›die Wiege gelegt‹ wurde: diese Tante zu rehabilitieren – indem auch sie unverheiratet bleibt, aber ein ehrbares Leben führt.
Nachdem ihr dies klar geworden ist, wird die Tante wieder in den Familienverband aufgenommen. Ihr ist Gerechtigkeit widerfahren. Plötzlich erinnern sich viele Familienmitglieder der Tante und sprechen über sie. Nicht mehr abfällig, sondern mit Verständnis.
Die ausgleichende Gerechtigkeit hat das Gleichgewicht in dieser Familie wiederhergestellt und die Frau kann nun ohne Ängste in eine Partnerschaft einwilligen – sie hat ihren Auftrag erfüllt.

In Verbindung mit den Ahnen

An diesem Beispiel ist sehr gut zu erkennen, wie viel Macht in Familien steckt – auch wenn sie von den einzelnen Familienmitgliedern nicht direkt wahrgenommen wird. Die unbewussten Loyalitäten können einerseits hinderlich auf dem eigenen Lebensweg sein, sie können andererseits aber durchaus auch im Einzelnen unglaubliche Kräfte freisetzen und zu wahren Höchstleistungen beitragen.
Beispielsweise geriet ein junger Manager mit seinem Unternehmen in eine schwierige Phase. Er fühlte sich der Verantwortung, die auf ihm lastete, nicht gewachsen. In einem Coaching-Gespräch erwähnte er – mehr nebenbei – seinen Großvater. Auf

Nachfragen stellte sich heraus, dass dieser Großvater ein begnadeter Geschäftsmann gewesen war, der seinen Betrieb zu einem großen Unternehmen gemacht hatte. Von da an holte sich der junge Mann in inneren Zwiegesprächen mit dem Großvater – der schon lange gestorben war – immer dann einen Rat, wenn er selbst nicht weiterwusste. Mit dieser inneren Hilfe schaffte er es in relativ kurzer Zeit, sein Unternehmen aus der Krise zu führen. Sich innerlich den Ahnen zuzuwenden, sich mit ihnen in Verbindung und Beziehung zu setzen, kann eine wichtige Hilfe sein, die Ressourcen anzuzapfen, über die wir in der Psyche verfügen.

Die meisten Menschen interessieren sich für ihre Ahnen, sie möchten gerne wissen, wer und wie diese Männer und Frauen waren, was sie taten, wie sie ihr Leben verbrachten, was sie dachten, vielleicht als ihre Aufgabe sahen, ob sie für Gutes oder Schlechtes in ihren Familien und Clans verantwortlich waren. Der Beweggrund dabei ist, dass man stolz auf seine Vorfahren sein will, dass wir wollen, sie hätten uns ein Vermächtnis hinterlassen, das wir freudig annehmen können.

Die Familie als Kulturträgerin

Denn wir dürfen nicht vergessen, dass die Familie durch Jahrtausende hindurch die Kulturträgerin war und ist. Nicht nur die, welche bedeutende Persönlichkeiten hervorgebracht haben, sind maßgeblich an der kulturellen Entwicklung beteiligt, sondern auch jene, die schlicht und einfach nach hochstehenden Werten lebten und diese immer noch vertreten. An ihnen können wir uns orientieren, sie zeigen uns den Weg in ein befriedigendes Leben. Wenn wir Klientinnen und Klienten nach ›goldenen Lebensregeln‹ der Herkunftsfamilie fragen, erhalten wir beispielsweise folgende Antworten:

- Glaube an dich!
- Lebe so, dass du abends im Spiegel dir selbst in die Augen schauen kannst.
- Was du nicht willst, dass man dir tu, das füg' auch keinem anderen zu.
- Das Leben ist ein Kampf, aber wir machen das Beste daraus.
- Lebe nicht über deine Verhältnisse.
- Sei immer hilfsbereit und sittsam.
- Jeder muss im Leben seine Ziele selbst erreichen und für sich geradestehen.

In den Poesiealben, die Mädchen früher mit Schulkameradinnen austauschten, standen so schöne Verse geschrieben wie:
›Wenn du stets Freude im Herzen hast, wird dir die Hütte zum Palast‹, oder
›Aus Nichts wird nichts, das merke wohl, wenn aus dir etwas werden soll.‹
Bei aller Kritik, die man an Elternhäusern und ihrem Mix aus zwei, manchmal doch recht gegensätzlich denkenden Familien haben kann, sollten wir nicht vergessen, dass hier auch Werte geschaffen wurden und weiter werden, ohne die ein doch so relativ friedliches Nebeneinander vieler Menschen undenkbar wäre. Es kann nämlich nicht wirklich darum gehen, das jeweilige Familienskript, nach dem das Kind sein eigenes ›Lebens-Drehbuch‹ verfasst, zu verlassen. Viel sinnvoller ist es, die verborgenen Ressourcen des großen Familienverbandes aufzuspüren und sie in das heutige Leben hineinzuschleusen und sich ein erfülltes Leben zu gestalten.

Dazu eine kleine Übung:
Machen Sie sich bewusst, dass Sie eines Tages auch ein Ahne, eine Ahnin sein werden. Auch wenn Sie selbst keine Kinder haben sollten, sind Sie vielleicht Tante oder Onkel, die beste Freundin einer Mutter, der beste Freund eines Vaters oder sonst jemand, die/den die Nachgeborenen gekannt haben.

Und jetzt überlegen Sie sich, wie Sie dann von Ihren Nachfahren gesehen werden wollen. Wie also müssten Sie heute leben, um ein ›Wunschahne‹ zu sein? Damit die Menschen, die nach Ihnen leben und Sie gekannt haben, sagen: »Das war ein Mensch, dem ich gerne nacheifere, weil er/sie so viel Gutes in die Welt gebracht hat.«

»Catch me, if you can«

Schauen wir uns zum Schluss dieses Kapitels noch eine besondere und wahre Familien-Geschichte an:

Frank Abagnale ist der geliebte Sohn einer bezaubernden Französin und eines stattlichen Amerikaners. Die Familie lebt in einem hübschen Häuschen am Rande New Yorks. Sie sind sehr glücklich miteinander.

Von der Mutter hat der kleine Frank die Botschaft erhalten: »Du bist etwas Besonderes!« Denn sie ist Französin in Amerika. Außerdem ist sie schön und charmant und vermittelt damit ihrem einzigen Sohn, dass man es im Leben zu etwas bringt, wenn man diese Eigenschaften kultiviert. Sie erwartet von ihrem Sohn, dass er so schön und charmant ist wie sie.

Der Vater liefert das Programm dazu, indem er dem Sohn zeigt, wie man Eindruck auf Menschen macht und somit etwas Besonderes wird. Er bringt es seinerseits auch zum Ehrenmitglied auf Lebenszeit bei den Rotariern und erzählt bei dieser ›Einweihungsfeier‹ eine kleine Geschichte, die sein Leben symbolisiert: »Zwei Mäuse fallen in einen Sahnetopf. Die erste gibt auf und ertrinkt. Die zweite strampelt so lange, bis die Sahne zu Butter geworden ist, und steigt aus dem Topf.« Genau diese Einstellung vermittelt er seinem Sohn. Man sieht Frank Abagnale senior nur im korrekten Nadelstreifenanzug, natürlich mit passender Weste. Damit will er verbergen, dass er eigentlich ein Verlierer ist, denn sein Geschäft geht schlecht und die Finanzbehörde ist ihm wegen Steuerhinterziehung auf den Fersen.

Die Familie muss schließlich das hübsche Häuschen im Vorort verlassen, weil der Vater die Kosten nicht mehr aufbringen kann, und zieht in eine enge Wohnung, die in einem schäbigen Viertel der Stadt liegt. Außerdem muss auch das Auto verkauft werden.
Die schöne, charmante Französin mag in solchen Verhältnissen nicht leben, sie sucht sich einen besser situierten Mann und lässt sich scheiden.
Für den 16-jährigen Frank ist dies ein Schock, denn bis dahin hat er seine Eltern als glückliches Paar erlebt. Er weiß nicht, bei welchem Elternteil er leben will, und läuft von zu Hause weg, obwohl er nichts besitzt als ein Scheckbuch, das der Vater ihm zum Geburtstag geschenkt hatte. Auf dem Konto befinden sich aber lediglich 25 Dollar. Da der Junge von irgendetwas leben muss, beginnt er die Schecks zu fälschen. Und da er von seinem Vater gelernt hat, wie man Eindruck auf die Leute machen kann, beschafft er sich trickreich eine Pilotenuniform, in der sich ihm die Türen der großen Welt wie selbstverständlich und leicht öffnen. Denn die Anweisung seiner Mutter, ›schön und charmant‹ zu sein, ist von ihm nicht gespielt, sie ist seine ihm eigene Art geworden.
Er hat also von seinen Eltern ein ›Kapital‹ erhalten, das ihm ermöglicht, intelligent und äußerst kreativ zunächst als Ko-Pilot der PanAm um die Welt zu reisen, dann als Kinderarzt mit einem angeblichen Harvard-Abschluss und schließlich als Jurist, der in Berkeley studiert hat, aufzutreten und entsprechend bei den Menschen anzukommen. Außerdem findet er Methoden, Schecks so zu fälschen, dass die Beamten des FBI, die natürlich hinter ihm her sind, stets zu spät kommen und ihn nicht zu fassen kriegen.
Doch einer der FBI-Beamten, Carl Handratty, hat es sich zur persönlichen Aufgabe gemacht, Frank doch noch zu schnappen. Drei Jahre ist er hinter ihm her. In dieser Zeit entwickelt sich eine eigenartige Beziehung zwischen den beiden.
Denn Frank ist kein egoistischer Betrüger, er ist ein Sohn, der

verzweifelt versucht, die Lage seines Vaters zu verbessern. »Ich hole uns alles wieder zurück«, schreibt er dem Vater. Er hofft damit inbrünstig, die Eltern wieder zueinanderführen zu können. In vielen Briefen berichtet er dem Vater von seinen angeblichen Erfolgen – »jetzt hat die PanAm mich als Copiloten eingestellt« – »jetzt bin ich Anwalt und werde bald heiraten« –, wohl in dem Versuch, den Vater zu rehabilitieren. Denn er liebt ihn und möchte die Bewunderung, die er dem Vater entgegengebracht hat, nun vom Vater auf sich selbst gerichtet sehen.
Carl Handratty, der FBI-Beamte, scheint dies zu spüren. Und so kann Frank sich eines Tages doch von ihm fangen lassen. Weil er schließlich Sehnsucht danach hat, wieder in Ruhe leben zu können. Zwar nicht gleich endgültig, sein Fluchttrieb ist, noch stärker, doch als er erfährt, dass sein Vater gestorben ist, und sieht, dass seine Mutter einen anderen Mann geheiratet hat, gibt er endgültig auf und lässt sich von Carl in Gewahrsam nehmen.
Er wird zu zwölf Jahren Gefängnis verurteilt, denn er hatte den Staat um vier Millionen Dollar betrogen. Und dies im Alter zwischen 16 und 19 Jahren. Carl Handratty jedoch gibt die Beziehung zu Frank nicht auf, er besucht ihn im Gefängnis. Nachdem sich herausgestellt hat, dass Frank als ›Profi‹ ihm, Carl, wichtige Hinweise zum Fassen anderer Scheckbetrüger geben kann, wird Frank vorzeitig aus dem Gefängnis entlassen und dem FBI unter Obhut gestellt. Er arbeitet nun unter Carls Aufsicht in einem eigenen Büro im Betrugsdezernat. Er wird der erfolgreichste Mann dort, entwickelt schließlich den betrugssicheren Scheck, verdient nun ehrbare Millionen, heiratet schließlich und hat dann selbst drei Söhne.
Das Thema dieses Lebens heißt übrigens ›Jagd‹, es ist gewissermaßen ein archetypisches Thema, denn Jäger und Gejagte gibt es von Menschheitsbeginn an. Die Frage ist immer nur: Auf welcher Seite steht wer? Doch wenn wir wissen, dass die Lösung darin liegt, im jeweiligen Lebensthema die entsprechenden Ressourcen, also Begabungen und Fähigkeiten zu ent-

decken und offenzulegen, damit sie für ein Leben in Freiheit in Anspruch genommen werden können, willigen die Gejagten schließlich ein und bitten: ›Catch me!‹

Schön, dass Steven Spielberg aus dieser realen Lebensgeschichte einen so wunderbaren Film geschaffen hat, der zeigt, wozu Kinder – in diesem Fall der junge Mann – bereit sind, wenn es darum geht, die Eltern zusammenzuhalten. Nicht nur das: Der junge Frank versucht sehr bemüht das, was der Vater ihn gelehrt hat, in die Tat umzusetzen, damit der Vater sieht, dass seine Lebenstaktik funktioniert und jetzt endlich der Familie das Glück bringt, das der Vater doch für sie wollte.

In dieser Geschichte wird auch deutlich, dass der Junge, der seine Eltern liebt, sie damit ehren will, dass er ein angesehener Mann wird, auf den die Eltern sich verlassen können.

Hier ist eine gute Gelegenheit, sich selbst zu verdeutlichen, was Sie schon alles für Ihre Eltern getan, womit Sie ihnen Freude bereitet haben. Und darüber hinaus: Was werden Sie künftig tun, um Ihren Eltern einen guten, sonnigen Lebensabend zu ermöglichen?

Liebe, Macht, Gewalt – die Dynamik enger Beziehungen

Wir stellen hier noch einmal die Frage, die uns schon im ersten Kapitel bewegt hat: Was ist geschehen zwischen der Zeit, in der die Kinder mit ihren Eltern so einträchtig zusammen waren, und der Zeit, in der Eltern und Lehrer mit der Erziehung der Kinder nicht mehr fertig werden, sich überfordert fühlen? Wo, an welcher Stelle gibt es den Bruch im Verständnis der beiden Generationen und was verursacht ihn? Schauen wir uns doch dazu einmal folgenden Kommentar zu einer Fernsehsendung an, den wir in der Stuttgarter Zeitung gefunden haben.

»Du bist und bleibst für mich ein Regenwurm«

Die Eskalation findet in der ARD-Reportage *Dem Hungertod entkommen* vor laufender Kamera statt, völlig hemmungslos. »Ich hau dir das Glas in die Fresse«, schreit die Mutter ihren Sohn an, der am Wochenende aus dem Jugendheim zu Besuch ist. »Du bist und bleibst für mich ein Regenwurm«, geht die maßlose Beschimpfung weiter, die in dem Satz gipfelt: »Ich hab dir schon mal gesagt, der Verkehrte ist gestorben.« Der Teenager auf dem Sofa versucht, die Fassung zu bewahren, zumindest vor der tobenden Frau, die sichtlich angetrunken ist. Doch auf dem Weg nach draußen, auf der Straße, reicht die Kraft nicht mehr: jetzt fließen Tränen.

Der letzte Satz hat den 16-Jährigen, dessen Geburtstag in der Nacht »mit Volksmusik und Schnaps« in Mutters Stammkneipe gefeiert wurde, am härtesten getroffen. Denn Andreas hat miterlebt, wie sein Pflegebruder Alexander verhungert ist. Er und Alois, das dritte Pflegekind einer unauffälligen Familie, wurden völlig unterernährt in ihrem Zimmer gefunden. Über Jahre hinweg hatten die Pflegeeltern die drei Buben misshandelt und mit Essensentzug gefügig gemacht. Der Mordprozess vor dem Stuttgarter Landgericht machte Schlagzeilen, dauerte sieben Monate und endete mit lebenslangen Freiheitsstrafen für die Pflegeeltern. Aber die Frage, warum sie so etwas getan haben, ist bis heute offen.

Auch Peter Moers und Frank Papenbroock finden darauf keine Antwort, hatten das wohl auch nicht vor. Ihre Reportage, die in der Reihe »Menschen hautnah« gezeigt wurde, stellt in den Mittelpunkt, wie es Andreas heute geht. Neun Jahre nach dem Tod seines Pflegebruders lebt er in einem Jugendheim in Thüringen. Ein verängstigter Jugendlicher mit vielen Ticks, wie sein Psychiater sagt. Wie dieser kommen auch der Heimleiter zu Wort, eine Lehrerin der Förderschule, die Andreas besucht, und natürlich der Jugendliche selbst.

Er erzählt von der Nacht, in der Alexander starb, und wie die Pflegemutter alle Kinder misshandelte, ihnen lediglich trockenes Brot und einen Becher Wasser pro Tag gab. Er erzählt von seinen Träumen: dass er Rettungssanitäter werden will, ein Haus bauen, eine Familie gründen und mit dieser in den Urlaub fahren will. »Damit meine Kinder sagen: bei meinem Vater, meiner Mutter geht es uns gut.«

Die traurige Realität zeigen Moers und Papenbroock in Bildern, die keinen Kommentar benötigen: den hippeligen Teenager in der Förderschule, der bis heute kaum lesen oder schreiben kann, und schließlich das grausame Finale zu Hause bei der leiblichen Mutter, zu der Andreas alle zwei Wochen fährt, von der er sich einredet, dass er stolz auf sie ist, und die ihn wegen einer Lappalie aus dem Haus schmeißt: eine Frau, die kaum in der Lage ist, ihr eigenes Leben zu meistern. Mit ihrem traumatisierten Sohn ist sie völlig überfordert. Andreas heute, das ist ein Teenager mit einer trostlosen Zukunft, ein Opfer, das wohl noch lange ein Opfer bleiben wird.

Thomas Schwarz[10]

Bevor wir mit Überlegungen und möglichen Erklärungen hierzu weitergehen, halten Sie einen Moment inne und nehmen die Gefühle wahr, die jetzt in Ihnen entstanden sind.

Die Medien berichten uns solche Geschichten ja nicht unbedingt, um uns mit der entsprechenden Information zu versorgen, uns zu unterhalten oder unser Wissen zu erweitern, was in anderen Fällen ihr Auftrag ist, sondern wohl in erster Linie, um unser Inneres zu berühren und Gefühle hervorzurufen. Wir sollen angerührt und dadurch aufgerührt werden, sollen erschrecken, Entsetzen und Trauer spüren. Schon in früheren Zeiten war dies die Aufgabe der ›Berichterstatter‹.

Die Macht des Schicksals

Im antiken Griechenland erzählten die Dichter und Dramatiker die schrecklichen Geschichten der in ein unabwendbares Schicksal eingebundenen Menschen. Aischylos, beispielsweise, berichtete, wie Klytaimnestra zusammen mit ihrem Geliebten ihren Gatten Agamemnon ermordet und ihr Sohn Orest daraufhin die eigene Mutter tötet; Sophokles erzählt die traurige Geschichte der Antigone, die den Befehl des gewalttätigen Herrschers Kreon, ihren im Kampf getöteten Bruder den Geiern zum Fraß vorzuwerfen, missachtet und Polyneikes beerdigt, so wie es der Ehre eines Toten gegenüber gebührt. Sie soll daraufhin bei lebendigem Leibe eingemauert werden, doch um diesen schrecklichen Tod nicht erleiden zu müssen, erhängt sie sich. Auch die Tragödie von Medea, der zaubermächtigen Tochter des Königs von Kolchis, die ihrer Nebenbuhlerin Glauke ein brennendes Kleid überwarf und anschließend ihre Kinder getötet haben soll, um ihren Gatten Jason, dem sie erst zur Königswürde verhalf, für seinen Verrat zu strafen, wird von Euripides erzählt.

Was wollten die Dichter mit diesen grausamen Familien- und Ehegeschichten den Zuschauern, die damals in die Theater strömten, zeigen? Sie wollten den Menschen bewusst machen, dass das Leben auf dieser Erde nicht nur von äußeren Gefahren, Naturkatastrophen, wilden Tieren oder Räubern bedroht ist, sondern dass es auch und gerade in der eigenen Familie, der eigenen Sippe zu fürchterlichen Gewaltausbrüchen, Mord und Totschlag kommen kann. Die Gründe hierzu entspringen niederen Triebregungen wie Neid, Eifersucht, Hass, Macht- und Besitzansprüchen. Die Dichter und Dramatiker sahen es – und sehen es auch heute noch so – als ihre Aufgabe, den Menschen durch diese grauenvollen Schilderungen zur Einsicht, zur inneren Umkehr zu bewegen. Über den Schrecken und Schauder, den sie mit ihren Darstellungen verbreiten, sollen die Zuschauer gereinigt und geläutert werden, sie sollen verstehen und darüber zur Einsicht gelangen. Diese Einsicht, ›sophrosyne‹ genannt, soll verhindern, dass sie der Verblendung, ›hybris‹, verfallen. Denn der Mensch ist, so sahen es die Dichter damals und sie sahen es ganz richtig, einerseits einem Schicksal unterworfen, andererseits aber auch frei, mit diesem Schicksal – jeder mit dem seinen – zu kooperieren, also selbstverantwortlich im Leben zu handeln. Der römische Dichter und Philosoph Seneca meinte: ›Den Willigen führt das Schicksal, den Unwilligen zerrt es.‹ Das Schicksal – was auch immer man darunter verstehen mag – stellt einerseits eine unerbittliche Macht dar, andererseits kann es jedoch auch dem gnädig sein, der ihm mit Demut begegnet. Dies meinten die Dramatiker der antiken Welt und sie sahen damit sicher etwas Richtiges – wenn es auch vielen Menschen heute eher altmodisch und unrealistisch erscheint.

Wenn wir unter diesen Gesichtspunkten noch einmal den Bericht, wie er in der Stuttgarter Zeitung stand, lesen, erkennen wir, dass das Schicksal dieses Jungen leider kein einmaliges ist, dass es sich zu allen Zeiten und wahrscheinlich auch in allen Kulturen so oder so ähnlich abgespielt hat und zum Leidwesen der Betroffenen wahrscheinlich auch immer wieder abspielen wird. Dennoch wollen wir nicht nachlassen, das, was in unserer Macht liegt, zu tun, um solche leidvollen Schicksale zu verhindern oder zumindest zu lindern. Dazu gehört in erster Linie, dass möglichst viele Menschen darum wissen, also auf solche Zustände aufmerksam gemacht werden. So gesehen ist es ein Segen, dass es die verschiedenen Medien mit ihren Berichterstattungen gibt.

Wir können die Geschichte des Jungen Andreas durchaus mit den ›Helden‹ der alten Geschichten verbinden, und sehen dann, dass Elend, Leid und Schmerz nicht abgegrenzt nur in einer bestimmten Zeit oder einem bestimmten Volk erlebt wird, sondern dass sie sich Kultur und Zeit übergreifend immer wieder durch viele Generationen hindurch ereignen. So müssen wir fragen, was wohl die Mutter von Andreas in ihrer Kindheit erlebt hat, um so kalt, hart, mitleidlos und unbeherrscht geworden zu sein. Und welches Schicksal mag ihre Mutter und ihr Vater erlitten haben? Diese Überlegungen sollen nicht dazu dienen, sie zu entschuldigen, sondern mögen dazu führen, sie erst einmal zu verstehen und auch Mitgefühl mit ihnen zu empfinden. Denn nur über das Mitgefühl erwachen wir zum wahren Menschsein. Doch darüber später noch mehr.

Wenn die Familie zur Hölle wird

Im Folgenden möchten wir beleuchten, was dazu führt, dass gerade in Familien, im Kreis der Menschen, die sich am nächsten sind, so viel Schreckliches geschehen kann, wie wir es immer wieder in den verschiedenen Medien lesen, hören und sehen. Kann denn die Familie, die in vielen Fällen mit einer Liebe zwischen einem Mann und einer Frau beginnt, eine Keimstätte von Gewalt, Verbrechen, Angst und Verzweiflung, Angst und Schmerz sein? Ja, denn letztlich kommt alles aus der Familie,

ob sie nun klein oder groß ist, eine Sippe oder ein Clan genannt wird. Hier beginnt jedes Leben – selbst wenn schon der Säugling von der Mutter weg in ein Heim gegeben wird. Auch dann gibt es Großeltern und deren Eltern und so weiter. Im Inneren jedes Menschen, sowohl in seinem Körper als auch in seiner Seele, sind Spuren der Vergangenheit gelagert. Potenziell ist alles, was unseren Vorfahren geschehen ist, welchen Zuständen oder Gefahren sie ausgesetzt waren, in uns eingegraben. Das meiste ›schläft‹ ein Leben lang, wacht vielleicht über viele Generationen hinweg nicht auf, bleibt inaktiv. Doch die Möglichkeit besteht immer, dass einiges von dem, was in jedem von uns steckt, plötzlich aus dem großen Ahnenspeicher zur Oberfläche des Erlebens aufsteigt und entsprechende Wirkungen zeigt. Das muss natürlich nicht sein, und wir werden im nächsten Kapitel sehen, wie man dies vermeiden kann, doch eine Gefahr ist immer gegeben. Gerade im engeren, scheinbar sicheren Beisammensein kann sich plötzlich irgendwann ein Aggressionspotenzial bilden und beginnen, Zerstörung anzurichten. In beengten Verhältnissen, in kleinen Wohnungen, in denen viele Personen miteinander leben, sind Gewalteskalationen häufiger als in Lebensräumen, in denen die Einzelnen sich, je nach Stimmung, sowohl ausbreiten als auch zurückziehen können. Wenn wir einen solchen energetischen Prozess – denn letztlich können wir Aggressionen als mentale Energien bezeichnen – bis zum Beginn unseres Universums zurückverfolgen, dann sehen wir, dass genau in dieser Art unsere Welt entstand: aus einer immer stärkeren Zusammenballung von Energie, die irgendwann eine solche Dichte erreicht hatte, dass sie in einem großen Knall explodierte. Wir müssen also von einer unermesslichen Dichte ausgehen, wenn wir eine Explosion verstehen wollen.
Dicht, das heißt in unserem Fall: Erwachsene und Kinder leben Tag und Nacht miteinander, meistens ungeniert, begegnen sich nackt in ihrer Natürlichkeit, nicht nur äußerlich, sondern auch in ihrem Sosein. In den wichtigsten Beziehungen, die es für uns gibt – der intimen, sexuellen zwischen Frau und Mann und der

ganz nahen zwischen Eltern und Kindern –, legen wir die ›Persona‹, die äußere Erscheinung ab und zeigen uns unmittelbar, wie wir eben geartet sind. Das Zuhause, der Kreis der Familie soll ja auch der Ort der Geborgenheit und Sicherheit sein, das Nest, der Hort, wo man sich von den Mühen und Lasten des Alltags ausruhen und neue Kräfte schöpfen kann. Wenn es gut läuft zwischen Mann und Frau, Eltern und Kindern, ist das auch natürlich, gut und richtig so.

Kennen Sie das auch: Wenn Sie zu Hause sind, lassen Sie viele Höflichkeitsregeln außer Acht, die Ihnen im Beisein anderer Menschen wichtig sind? In den eigenen vier Wänden möchte man gerne ungezwungen sein, sich entspannen, gehen lassen.

Es gibt die – wohl nicht ganz ernst gemeinte – Annahme: Ein wirklich feiner Mensch nimmt immer die Zuckerzange, auch wenn er alleine am Tisch sitzt.

Welche Regeln gelten für Sie? Welche sind Ihnen sehr wichtig, über welche gehen Sie gelegentlich auch großzügig hinweg?

Natürlich wäre es übertrieben, die Zuckerzange – die es wohl in den meisten Haushalten gar nicht mehr gibt – auch dann zu benützen, wenn man ganz alleine seinen Tee trinkt, doch in vielen Familien wird allzu wenig Rücksicht auf die Bedürfnisse der anderen Familienmitglieder genommen. Und da kann es dann schon zu Reibereien kommen, weil die Frau, der Mann und auch die Kinder ihre speziellen, persönlichen Bedürfnisse als zu wenig gewürdigt sehen. Aber nicht nur mangelnde Höflichkeit – wenn es nur das wäre! – kann eine Familie zur Hölle werden lassen. Betroffen von höllischen Zuständen sind meistens Kinder, vor allem Mädchen, aber auch Frauen bzw. Mütter. Denn in – leider zu vielen – Familien herrscht Gewalt, die immer von den stärkeren Familienmitgliedern ausgeht – sei es, dass es sich um körperliche oder auch verbale Machtausübung handelt. Schläge und Beschimpfungen hinterlassen körperliche und seelische Wunden, die meist ein Leben lang schmerzen und unheilbar sind. Auch sexuelle Gewalt ist leider nicht selten, selbst in gut sozialisierten und gebildeten Familien. Wir Psychotherapeuten, die sehr viele Lebensgeschichten kennen – und es sind nicht nur die aus den sogenannten sozial schwachen Schichten –, sind immer wieder, immer noch entsetzt über das, was wir manchmal zu hören bekommen. Warum können Familien, statt Orte der Geborgenheit und Fürsorge zu sein, zur Hölle werden? Was veranlasst Menschen, die letztlich alle zunächst als unschuldige kleine Wesen zur Welt kommen, sich zu Sadisten zu entwickeln? Es gibt sehr viele Ursachen. Meistens die seelische und körperliche Verwahrlosung, die schon die Eltern bis weit hinunter in die Ahnenreihe hinein erlebt haben. Aber wann fing es an? Wir stellen diese Frage immer wieder und wissen nicht, ob wir eine Antwort darauf finden. Das ist vielleicht auch nicht so wichtig. Von viel größerer Bedeutung ist: Wie kann es aufhören, das sich gegenseitige Quälen?

Die geistige Revolution

Im Grunde wissen wir es. In allen Menschen ist das Wissen um ethisches Verhalten eingewoben. Wenn im menschlichen Urbewusstsein die Möglichkeit zum ethischen Verhalten nicht enthalten wäre, hätte Mose nicht die Stimme Gottes hören, Jesus nicht die Barmherzigkeit lehren und Buddha uns nicht liebende Güte und Mitgefühl nahelegen können. Wir vermögen nur das zu erkennen, was in uns als Anlage vorhanden ist. Ein Saatkorn wird nur in einem dafür geeigneten Boden aufgehen. In der Grundausstattung des Menschen ist also vorgesehen, sich ›menschlich‹, das heißt wissend, um das Leid des anderen, darum, dass der andere so wie ich Schmerzen spürt, zu verhalten. Nichts anderes ist mit den Zehn Geboten gemeint.
Die Gesetze, die es schon vor Mose gab, bestanden aus Anweisungen für verschiedene Lebenssituationen, regelten die Beziehungen zwischen Menschen, zu Tieren und materiellen Dingen.

Die Zehn Gebote jedoch regeln nichts, sie sind als Gebote absolutgesetzt. Es heißt nicht: Wenn du dieses oder jenes tust oder nicht tust, wirst du dieses oder jenes zu erwarten haben. Nein, sie sagen einfach und klar: Du sollst ...! Ohne Wenn und Aber, ohne Kompromisse oder gar irgendwelche Verhandlungen. Das ist eigentlich, wenn wir es recht bedenken, ungeheuerlich. Denn das gab es bis dahin noch nie in der Menschheitsgeschichte. Da sagt einfach eine Stimme, die sich nennt: ›Ich bin, der ich bin‹, was wir übersetzen können mit: ›ich bin das absolute Sein‹, diese Stimme gebietet mit einer klaren Selbstverständlichkeit: ›Du sollst ...!‹ Sie sagt das in einer Art, dass Mose gar nicht auf den Gedanken kommt, zu überlegen oder nachzufragen, warum er und sein Volk so soll und ob das gut, richtig und sinnvoll ist. Tief in seinem Innern weiß er, dass es so stimmt, dass die Stimme ihm etwas ganz Neues, Revolutionäres befiehlt, das so einfach klingt: ›Du sollst ...!‹

Psychologisch gesehen können wir es so verstehen: Da ging die Saat auf, die der Mensch von Anfang an in sich trägt, die Grundlage des Bewusstseins überhaupt. Denn nur im Erkennen dessen, was gut und böse, richtig und falsch ist, konnte sich die Bewusstwerdung entfalten. Es braucht ein Gegenüber, um zur Erkenntnis zu gelangen, es braucht ein Auseinanderfallen des Ganzen in seine zwei Seiten, in seine ihm innewohnenden Polaritäten, seine Gegensätze, damit überhaupt gesehen und verstanden werden kann, dass es ein Ganzes gibt. Dies sagt das Erste Gebot: ›Ich bin der Herr, dein Gott!‹ Das heißt: ›Ich bin das Ganze!‹ oder: ›Das Einzige!‹ Das Auseinanderfallen der Ganzheit in oben und unten war notwendig, um Himmel und Erde zu schaffen, um aus der Eins in die Zwei zu entlassen. Und den beiden ersten Menschen, Adam und Eva, war es bestimmt, Erkenntnis zu schmecken, ihre geistige Blindheit aufzuheben, damit sie gewahr werden konnten, was gut und was böse ist. Damit aber erfuhren sie auch, was Leben bedeutet. Leben mit all dem Ungemach, mit Ängsten und Sorgen, Arbeit und Mühen, aber auch mit Freuden, mit Liebe und Zärtlichkeit, und in deren Folge mit dem Verlangen nach Mehr, nach Beständigkeit, obwohl doch alles nur unbeständig ist, und schließlich mit der Sehnsucht nach Erlösung von all diesen anstrengenden Emotionen und Zuständen. Mit diesen, starke Emotionen auslösenden Bildern begann also die leidvolle Geschichte der fühlenden Wesen auf dieser Erde.

In den Zeiten vor der jüdischen Geistesrevolution lebten die Völker des Mittelmeerraumes zwar in kulturell hoch entwickelten und gut organisierten Gesellschaftsstrukturen mit klaren Regeln und Gesetzen, doch ihre Sicht der Welt und des Lebens war rein auf das Materielle bezogen. Ihre zahlreichen Götter hatten Tier- oder Menschengestalt, sie waren auf Wände gemalt, in Stein gehauen oder standen als Statuen an heiligen Stätten, meist recht schön anzuschauen. Und selbst nach dem Tod blieb der Mensch bei den alten Ägyptern ein unvergängliches materielles Wesen: Sein Körper wurde einbalsamiert und mit zahlreichen Essensvorräten und Schmuckbeigaben auf die Reise in eine jenseitige Welt geschickt.

In diese fest gefügten Vorstellungen hinein erschütterte ein Mann namens Mose das Volk, das sich um ihn geschart hatte, mit der Botschaft: »Der Gott, der mich rief, hat keinen Namen und kein Gesicht. Du sollst dir kein Gottesbild anfertigen ...« Er lässt sich nicht beim Namen nennen, also ist er unfassbar für uns. Er zeigt nicht sein Gesicht, also ist er unsichtbar. Ein unsichtbarer Gott, für den es kein Aussehen und keinen Namen gibt? Baal, Enlil, Anat, Innana und wie sie alle heißen, kann man benennen und beschreiben – Innana soll wunderschön gewesen sein – aber ein Gott, der sagt: ›Ich bin, der ich bin‹, oder auch ›Ich werde sein, ich werde da sein, bei dir sein, was immer du tust, wohin immer du gehst‹, der war für das Volk Israel zunächst wohl sehr befremdend und auch ängstigend. Ein Gott, der immer bei mir ist, zu dem ich keine Distanz einlegen kann, wenn mir danach zumute ist? Der immer da ist, mich unaufhörlich sieht, den ich nicht mehr loswerde? Zu den anderen Göttern kann man hingehen, wenn man sie braucht, oder man kümmert sich nicht um sie, wenn man keine Lust dazu hat. Aber dieser Gott, der so sehr persönlich ist? Ja, es scheint, als sei er mit uns verschmolzen, als könnten wir nie mehr voneinander getrennt werden. Das ist doch zunächst höchst erschreckend und erschütternd. Es ist das ›Tremendum‹: das Schaurige, Mächtige, das Mose zu Boden warf. Es brauchte dieses Tremendum, denn nur auf solche Weise kann die göttliche Kraft erkannt werden. Nicht durch den Intellekt, sondern durch die seelisch-geistige Erschütterung, durch ein Auf- und Hineinbrechen in die Emotion, die den von dieser Kraft gepackten Menschen – hier Mose – bis ins innerste Mark erzittern lässt. Dieses Ergriffenwerden von Furcht und Schrecken benutzten auch die griechischen Dramatiker in ihren Tragödien, um die Seelen der Zuschauer zu läutern, sie zu veranlassen, ein mitfühlender Mensch zu werden. So erlebten es auch die Israeliten, denn bei 2 Mose 23,27 heißt es: »Meinen Schrecken will ich vor dir hergehen lassen und alle Völker, zu denen du kommst, verzagt machen und alle deine Feinde vor dir die Flucht ergreifen lassen.«

Der unanschauliche, nicht mit Namen zu kennzeichnende Gott gehört nicht zur materiellen Welt, wie die tier- und menschgestaltigen Götter der Ägypter. Er ist der reine Geist, die immaterielle Potenzialität, aus der die Materie und das Lebendige geformt werden können. Diese Erkenntnis war damals revolutionär. Es war die Zeit, in der das Bewusstsein sich für eine neue Dimension in der Menschheitsgeschichte erweiterte. Weil auf einmal Zusammenhänge sichtbar wurden, die alle bisherigen Vorstellungen darüber, wie die Welt beschaffen sei, der Unwirklichkeit preisgaben, eröffnete dieses Neue das in der Seele eingewobene Wissen um ethisches Verhalten.

Selbst in der traurigen Geschichte, die wir zu Beginn dieses Kapitels beschrieben haben, finden wir einen Keim dieses Bewusstseins: Der gequälte Junge Andreas erzählt, dass er Rettungssanitäter werden will, dass er Kinder haben möchte, denen er ein guter Vater ist. Und er will stolz auf seine Mutter sein. In ihm ist, nach allem Schmerzhaften, das er erlebt hat, das Vierte Gebot noch spürbar. Erlebte dieser Junge nicht auch eine seelisch-geistige Erschütterung, die seine Seele für das Grundlegende des Menschseins öffnete: die Liebe für die leidende Kreatur, die er in seiner Mutter erkennt? Vielleicht geht es ja nicht anders, vielleicht schließt persönliches Leid das mitfühlende Herz am weitesten auf. Diesem Jungen ist das alles bestimmt nicht bewusst. So wie er leben sehr viele, vielleicht die meisten Menschen in einer mehr oder weniger dumpfen Unbewusstheit. Welche Möglichkeiten bieten sich ihnen, diesen geistigen Schlaf zu überwinden? Wo und wie können sie Ermutigung und Unterstützung finden, was hilft ihnen zur Bewusstheit?

Bis in den Himmel – der große Lebensentwurf

Erkennendes Bewusstsein setzt, das haben wir oben geschrieben, ein Gegenüber voraus, dessen ich gewahr werde. In der Identifikation, wie sie zu Beginn der Menschheitsentwicklung herrschte, erlebte sich der Einzelne mit seiner Umgebung irgendwie, auf eine mysteriöse Art verschmolzen. Das rührte daher, dass er noch keinen Unterschied machen konnte zwischen seinen Emotionen und dem, was er in der äußeren Welt sah oder hörte. Einen starken Wind interpretierte er vielleicht als einen Dämon, der von ihm Besitz ergreift, ihn vernichten will. Inzwischen hat sich in unserem Bewusstsein die Vorstellung von einem Ich entwickelt und wir können heute, wenn ein stürmischer Wind weht, sagen: ›Ich habe Angst, dass der Wind mich umwerfen könnte.‹ Dieses Ich stellt also eine Brücke dar zwischen der äußeren Welt, die wir wahrnehmen, und den Emotionen, die wir erleben. Mithilfe dieser Brückenfunktion können wir das, was in uns vorgeht, und die Welt mit ihren Erscheinungen verstehen, was uns in der Folge ein entsprechendes Handeln ermöglicht. C.G. Jung hat sich mit dieser Thematik ausgiebig beschäftigt und ein Konzept von vier Ich-Funktionen, von ihm ursprünglich ›Orientierungsfunktionen des Bewusstseins‹ genannt, vorgelegt. Die vier Funktionen, die wir benutzen, um uns in der Welt – sowohl der äußeren als auch der inneren – zurechtzufinden, sind: die Intuition, die Empfindung, das Fühlen und das Denken. Im Rahmen dieses Buches würde es zu weit führen, sie näher zu beschreiben, wir möchten

Ihnen deshalb das Buch von C.G. Jung, *Symbole der Wandlung* (s. Literatur, S. 176) empfehlen.
Die Brücken- oder die Orientierungsfunktion, die das Ich einnimmt, lässt sich noch anschaulicher mit einer Leinwand, wie sie im Kino aufgestellt ist, oder einem Bildschirm, den wir im Wohnzimmer benutzen, vergleichen. Die inneren Vorgänge eines Menschen – seine Gefühle, Emotionen, Affekte und Empfindungen, aber auch Gedanken, Vorstellungen, Fantasien und Träume – werden vom Ich auf die Außenwelt, die Natur oder einen anderen Menschen projiziert, so wie der Filmapparat, also ein Projektor, einen Film auf die Leinwand wirft. Das ermöglicht uns, diese inneren Vorgänge aus einem gewissen Abstand heraus zu betrachten, sie uns bewusst zu machen. So haben die Menschen, seit sie anfingen, überhaupt ein Bewusstsein zu entwickeln, ihre Gefühle hinaus in die Natur und ihre religiösen Bedürfnisse hinauf in den Himmel projiziert, um sie dort zu erkennen und zu lernen, mit ihnen umzugehen. Damit fanden sie nicht nur Selbsterkenntnis, sondern vor allem Bändigung ihrer Angst vor dem Unbekannten, sowie Trost, Mut und Unterstützung. Und das ist bis heute so geblieben. Nur dienen uns jetzt nicht mehr so umfassend die Natur und Göttervorstellungen, sondern die Wissenschaften, um unsere Unsicherheiten vor den großen, geheimnisvollen Kräften, die das All bewegen, zu mindern.
In der Seele des einzelnen Menschen allerdings sind die Bilder der alten Mythen und Märchen, Legenden und Erzählungen lebendig wie eh und je, und sie können heute auch genauso in schwierigen Lebenssituationen weiterhelfen.

»Die Mitte der Nacht ist der Anfang des Tages«

Dieser Titel eines Buches von Jörg Zink beschreibt eine Erfahrung, die jeder Mensch kennt: die Finsternis der Nacht, das scheinbar ausweglose Dunkel, oft verbunden mit der drängenden, angstvollen Frage: »Wie soll das alles weitergehen?« Selbst kleine Alltagsprobleme können in schlaflosen Nächten zu unbezwingbaren Ungeheuern werden, die uns ängstigen und uns den ersehnten Schlaf rauben. In schweren Entscheidungssituationen dehnt sich die Dunkelheit ins Endlose, verbindet sich mit dem verzweifelten Suchen nach einem Licht, das den weiteren Weg erhellt und die notwendigen Schritte ermöglicht. Und doch geht jede dunkle Nacht der Seele zu Ende, beginnt immer wieder ein Morgen zu dämmern. Die düsteren Schatten verschwinden, der Anfang des Tages wird wahrnehmbar. Es ist, als ob wir wieder in eine weitere und hellere Welt einträten, selbst wenn die inneren Fragen noch ohne Antworten geblieben sind. Gewiss, es gibt auch die andere Erfahrung: Nach den anstrengenden und belastenden Gefahren des Tages sehnen wir uns nach der Ruhe und der Geborgenheit der Nacht, die uns aufnimmt und wie eine Mutter einhüllt in ihr Dunkel, uns unsichtbar macht und vor bösem Zugriff beschützt.

Vielleicht halten Sie hier ein Weilchen inne und versuchen, sich in Ihre Nächte hineinzuspüren. Wie erlebe ich die Nacht? Ist sie mir ein willkommener Hafen, in dem ich mein Lebensschiff allabendlich vor Anker gehen lassen kann, um Kraft zu tanken für einen neuen, ereignisreichen Tag? Oder fürchte ich mich vor dieser Dunkelheit, möchte die Helle des Tages am liebsten nicht loslassen?

Aus der Nacht tauchen wir allmorgendlich auf und zu ihr kehren wir zurück an jedem Abend. Im übertragenen Sinne ermüdet unser ›helles‹ Bewusstsein und sehnt sich zurück in das ›Dunkel‹ des Unbewussten, in die Welt des Traumes, des Schlafes und der Fantasie. Menschen, die nicht in die klare

Welt der Vernunft und des logischen Denkens zurückkehren können, bezeichnen wir als ›umnachtet‹, die alte Symbolik des Wortes weiter benutzend.
Uns kann plötzlich etwas klar werden, wir erkennen vielleicht Zusammenhänge, die uns vorher ›dunkel‹ waren. Es ›geht uns ein Licht auf‹. Das Leuchten der Sonne, die mit der Morgendämmerung die Erde wieder erhellt, ist zum bleibenden Bild für seelische Vorgänge oder neuen Erkenntnisgewinn geworden. Auch ein geistig Kranker kann aus seiner Umnachtung wieder ›erwachen‹, sein düsteres Dasein kann sich ›lichten‹, er ›fasst wieder Fuß‹ in unserer vertrauten Welt und kehrt gewissermaßen in sie zurück. Um ›Fuß zu fassen‹ bedarf es eines festen, nicht mehr schwankenden Bodens, auf dem einer stehen und seinen Standpunkt einnehmen kann. Was allmorgendlich so selbstverständlich geschieht und in der Heilung eines Geisteskranken zum willkommenen Ereignis wird, ist ein Urmodell unseres Lebens, ja der Schöpfung überhaupt. Die Menschheit hat es immer wieder beschrieben, in heiligen Gesängen vorgetragen und bei großen Festen neu begangen: Aus dem Dunkel ward Licht, in der Mitte der Nacht liegt der Keim des neuen Lebens, aus dem alle Kräfte wachsen. Jeder von uns trägt sie in sich, diese uralten Gesetze des Werdens und Vergehens, dargestellt in den großen mythischen Bildern, die wir Schöpfungsgeschichten nennen. So wie die Welten entstanden sind, die Götter zum Leben erwachten, wie die Menschheit aus dem Dunkel der Vorzeit heraustrat, wie Jahwe Himmel und Erde getrennt und alle Wesen geschaffen hat, so wiederholt und lichtet sich das Dunkel in jedem einzelnen Menschenleben neu. An einem bestimmten Geburts-Tag ›erblickt der Mensch das Licht der Welt‹, er verlässt das Dunkel der mütterlichen Umgebung und erlebt von da an in unendlicher Folge den Wechsel von der Nacht zum Licht und von der Helle über die Dämmerung zur Dunkelheit, aus der er immer wieder hervortritt bis zu jenem Augenblick, in dem er zum letzten Male einzuschlafen scheint und in dieser Welt nicht mehr erwacht. Er betritt das ›Reich

des Todes‹, das bis heute ein Rätsel, ›in undurchdringliches Dunkel gehüllt‹, geblieben ist. Aber auch hier gibt es Zeugnisse, die von großem Lichterleben sprechen und das Erwachen in einer anderen Dimension genau beschreiben. Ewige Finsternis, ewiges Licht werden mit Hölle und Himmel verbunden. Vorstellungen dieser Art sind keineswegs auf den christlichen Raum beschränkt. Sie ähneln sich bei allen Völkern, auch wenn nationale und kulturelle Besonderheiten nachweisbar – und bereichernd – sind. Wir begegnen solchen Jenseitsvorstellungen zum Beispiel im tibetanischen oder im ägyptischen Totenbuch. Interessanterweise werden in Ägypten die Begräbnistexte ›Eintreten in den Tag‹ oder ›Manifestation im Licht‹ genannt, was auf die hohe Bedeutung und die enge Verbundenheit von Nacht und Licht hinweist. Finsternis und Helligkeit sind jedoch nur Eckpfeiler eines viel umfassenderen Geschehens, das in den Geschichten von der Entstehung des Kosmos und der Götter im Einzelnen entfaltet wird und in der unendlichen Weite des noch leeren Alls das ewige Wunder der Entstehung des Lebens und seines Wachstums widerspiegelt. Es ist, als ob der Mensch die Grundlagen seines Lebens in seinen Göttern wiedererkannt, ja dort erstmals gefunden und so über sich selbst und seine Existenz, geleitet von den heiligen Bildern, nachgedacht habe.

In seinen Vorstellungen über die Entstehung des Kosmos ahnt er etwas von der tiefen Verbundenheit aller Kräfte, Dinge und Lebewesen, von einem ›wahren Dasein in einer runden Welt‹, das sich in den alten Überlieferungen ebenso enthüllt wie verhüllt. Sie wurden sorgfältig beachtet und repräsentierten höchste Werte.

Unsere Sprache, sei es die Sprache des Alltags oder die der Wissenschaft, vermag nur unvollkommen wiederzugeben, was in den großen Bildern vom Anfang der Welt geschaut worden ist. Wenn wir einen beeindruckenden Traum beschreiben sollen, stehen wir vor einer ähnlichen Schwierigkeit. Worte drücken nur unvollkommen aus, was wir des Nachts gesehen haben. Ein gemalter Traum sagt schon viel mehr. Mit Gefühlen ist es ebenso. Der Satz »Ich liebe dich« drückt so unendlich vieles aus, und doch finden wir für diese Fülle des Erlebens nur drei Worte. Deshalb vielleicht auch die Scheu und Scham, sie zu sagen. Trotzdem führen Worte uns hin zu dieser runden Welt, die nicht nur Ahnungen, sondern die Gewissheit eines möglichen Heilseins und Ganzwerdens vermittelt und damit unserem Sehnen, die innere und äußere Zerrissenheit und Spaltung zu überwinden verspricht.

Gerade auch die alten Mythen in all ihren einzelnen Bildern können in jedem Menschen zum persönlichen Erleben werden. Sie in sich als tragende Grundlage zu wissen, vermag ein neues Vertrauen in das Leben zu begründen, trotz aller Unsicherheiten, auch wenn und gerade weil die Zukunft immer dunkel vor uns liegt. Sie trägt den Keim neuen Lebens als persönliches Werden und Wachsen in sich. Diese Lebensgrundlage ist unzerstörbar, sie ist mit dem Menschen gewachsen und seit Jahrtausenden in Schrift und Bild bezeugt. Sie ist keine modische Erscheinung wie so manche heute propagierte Heils-Meinung, sondern uraltes Gut der Menschheit. Deshalb wurden Mythen, vor allem die Schöpfungsgeschichten, an den hohen Festen, insbesondere dem Neujahrsfest, erzählt, wurde die Welt durch diesen symbolischen Schöpfungsakt immer wieder neu geschaffen und begründet. Dieses Erleben kennen die meisten Menschen auch heute noch. In jedem von uns findet fortwährend ein Schöpfungsprozess statt, denn er ist die verlässliche Grundlage des Selbstvertrauens und unseres Eingebundenseins in die Welt, ein Fundament, auf dem unsere Hoffnung gründet, auf dem sie immer wieder fest verankert werden kann, wenn sie verloren scheint.

Die Bilder des Schöpfungsgeschehens oder des Einbruchs hoher, ethischer Geisteskraft in ein armes Wüstenvolk haben auch einen Bezug zu seelischer und körperlicher Gesundheit und Krankheit. Weil sie die Urkräfte des Lebens überhaupt symbolisieren, sind sie Abbild und vorbildhaftes Modell von Entwicklungs- und Heilungsvorgängen. In unserer psychotherapeutischen Praxis können wir oft beobachten, wie in Träumen, Fantasien, Malereien oder anderen Gestaltungen aus dem Unbewussten solche Bilder aufscheinen.

Begeben Sie sich doch auch einmal hinein in diese innere Bilderwelt. Nehmen Sie sich ein Blatt Papier und bringen sie mit Farben – gleichgültig welcher Art – das, was sich gefühls- und vorstellungsmäßig in Ihnen abspielt, zu einer äußeren Gestaltung. Die können Sie dann in aller Ruhe betrachten und damit mehr über Ihre Innenwelt kennenlernen.

Menschen, die sich mit den Vorgängen und Bildern ihrer Seele beschäftigen, können Motive sehr alter Mythen in sich entdecken und erfahren. Meist ist ihnen dies aber nicht bewusst. Für den Psychotherapeuten ist es allerdings aufregend und faszinierend, Bilder aus der Psyche heute lebender Menschen zu hören und zu sehen, die den religiösen Vorstellungen der Menschen vor einigen Tausend Jahren entsprechen. Oft ist der Ausgangspunkt solchen Sichtbarwerdens seelischer Urbilder – sei es in Träumen, Fantasien oder Gestaltungen – eine Depression oder auch eine Introversion, das heißt ein Sich-nach-innen-Wenden, Sich-in-sich-selbst-Zurückziehen, ein Sich-Abwenden von äußeren Geschehnissen. Manche Menschen leben auch überwiegend in einer introvertierten Haltung, sie erleben häufiger und unmittelbarer die Symbolwelt aus den tiefen Schichten ihrer Seele, die C.G. Jung das ›kollektive Unbewusste‹ genannt hat.

Das Lichtkind

Eine Frau, die sich in einer schwierigen Krisensituation befindet – ein alter, überholter Lebensabschnitt muss zugunsten eines neuen, jetzt für sie angemesseneren aufgegeben werden, was natürlicherweise mit Ängsten und Schmerzen verbunden ist –, bringt zu einer psychotherapeutischen Sitzung ein Bild mit, das sie gemalt hat. Ein Weg ist zu sehen, der hinauf- und hinausführt, eine Brücke, ein nach oben sich öffnender, unten jedoch tief verwurzelter Baum und groß, das ganze untere Drittel des Blattes einnehmend, ein rotes, uterushaftes Gebilde und da mittendrin ein helles, leuchtendes Etwas in Form eines Embryos. »Das ist das Lichtkind«, sagt die Frau sichtlich erregt. Sie weiß weiter nichts darüber zu berichten. Es ist eben einfach das Lichtkind, sagt sie, während sie zu den anderen Motiven ihres Bildes vieles assoziiert. Dieses Bild ist ihr sehr wichtig. »Warum?« – »Weil das Lichtkind darauf erschienen ist.« – »Erschienen?« – »Ja.« – Sie hatte nicht vor, ein ›Lichtkind‹ zu malen, weiß gar nicht, dass es so etwas überhaupt gibt. »Es hat sich wie von selbst gemalt.« Es ist ein Aspekt des »Selbst«. Es ist der leuchtende Repräsentant der Kraft, die das Unbewusste der Frau zur Verfügung stellt, damit sie den Weg der Erneuerung zu ihrem nächsten Lebensabschnitt gehen kann. Es ist erst ganz klein, dieses Kind, ein Embryo. Es muss noch tüchtig wachsen und geboren werden, um ein springlebendiges, seinen Weg laufendes Menschlein zu sein. Es ist noch eingeschlossen im mütterlichen Raum, im Uterus, noch nicht frei beweglich, aber es ist da, atmet und wächst. »Nachdem ich das Bild gemalt hatte, ging es mir viel besser«, sagt die Frau. »Ich spürte eine innere Erregung und wieder neue Energie nach der langen Zeit der Kraftlosigkeit, in der ich mich so hilflos fühlte.«
Wieso gehört das »Lichtkind« in den Bereich der alten Mythen? Da gibt es eine alte griechische Geschichte:

»Halkyone – das Eisvogelweibchen – stammte aus dem Uradel ihres Volkes. Ihr Vater war Aiolos, der Hüter der Winde. Sie war glücklich verheiratet mit König Keyx von Trachis, dem Sohn des Morgensterns. Halkyone und Keyx waren so glücklich, dass sie sich in ihrem Übermut Hera und Zeus nannten. Darüber waren die beiden olympischen Götter verständlicherweise erbost. Also sandten sie ein Unwetter, als Keyx gerade auf einem Schiff zur Stätte eines Orakels unterwegs war. Der Sturm zerbrach das Schiff, und Keyx ertrank. Sein Geist erschien Halkyone. Fassungslos vor Schmerz warf nun auch sie sich in die Flut und kam ebenfalls in den Wogen um. Berührt von so viel Liebe, verwandelte Thetis, die Tochter des Meeresgottes, beide in Eisvögel. Und damit die vom Schicksal so hart Betroffenen sich in Zukunft unbeschwert lieben konnten, verbot Aiolos den Winden, zur Brutzeit des Eisvogelweibchens zu wehen.«[11]

Hier haben die Hellenen einen viel älteren Mythos in eine rührende Liebesgeschichte umgewandelt, wohl um die Macht ihres Gottes Zeus darzustellen. Doch die Verbindung mit Hera, deren Name wahrscheinlich aus He Era = die Erde zusammengezogen wurde – sie war die große Göttin der prähellenischen Zeit, erst von den Hellenen wurde sie dann zur Gattin des Zeus ›degradiert‹ –, lässt darauf schließen, dass Halkyone, das Eisvogelweibchen, eine andere Gestalt Letos, der Schwänin, ist. In der Formation der Schwäne, die sich im Herbst versammeln, um in Form eines ›V‹ gen Süden zu fliegen, sahen die Menschen ein Zeichen für das weibliche Genitale. Der Schwan wurde deshalb in Asien, Europa und Afrika als Lebensbringer verehrt, in ihm wurde die ›Große Mutter‹, die sich stets erneuernde Naturkraft, gesehen. Es gibt zahlreiche Legenden, Riten und Bräuche, die sich mit diesem Vogel beschäftigen; seine Verwandtschaft mit dem Storch Adebar = Atemträger, der die kleinen Kinder bringt, ist ein weiterer Hinweis für den Aspekt des großen Mütterlichen, den diese Vögel tragen.
Was hat aber Halkyone mit dem »Lichtkind« zu tun? Die Zeit, in der Aiolos den Winden zu wehen untersagt hat, sind die seit

dem Altertum bekannten ›halkyonischen Tage‹. Sie liegen im 13. Monat (nach den Mondzyklen von 28 Tagen wurde das Jahr damals in 13 Monate und 1 Tag eingeteilt) und enden mit der Wintersonnenwende. Als dieser Mythos die Menschen beschäftigte, war der »Schalttag« (28 x 13 + 1) ein Tag »außer der Zeit«. Er galt als Todestag des alten und gleichzeitig Geburtstag des neuen Königs, der aus dem von Halkyone ausgebrüteten Ei schlüpfte. Das war damals der 25. Dezember. Gleichzeitig geschah es an diesem Tag, dass der Mond seinen dreitägigen Aufenthalt in der Todeswelt beendete und als schmale Sichel, ein sichtbares Zeichen der Hoffnung für das wiederkehrende Leben, am Himmel erschien. Dies ereignete sich alle 19 Jahre, denn nur im 19-jährigen Zyklus fallen Wintersonnenwende und das Ende des Neumonds zusammen. Jedes 19. Jahr wurde deshalb auch das »große Jahr« genannt, und der neue König durfte 19 Jahre lang regieren. Dann musste er sterben, um einem neuen König Platz zu machen. Auch Jesus wurde in so einem Jahr (sieben Jahre vor unserer Zeitrechnung) geboren.
Halkyone war also die Königsmutter. Sie gebar das göttliche Kind am selben Tag, an dem wir heute Weihnachten feiern. Der Wind schwieg, um das heilige Ereignis nicht zu stören. Es waren Tage der Ruhe und des Friedens. Diese Vorstellung haben wir von Weihnachten noch heute.

Die Himmelsmutter

Und dann geschah das große Wunder, das die Menschen von damals immer wieder von Neuem entzückt und erregt hat: Im silbern glänzenden ›Schiff‹, der waagerecht am Himmel stehenden Mondsichel, fuhr die große Göttin mit ihrem Sohn, dem neuen König, durch das Wolkenmeer, sichtbar für alle, die sehen konnten: der Beweis des sich erneuernden Lebens. Der Aufenthalt in der Unterwelt war überstanden, die dunklen

Tage, Zeiten der Angst, Unsicherheit, der Tränen und des Leids waren vorbei, das Leben kehrte wieder, schöner, strahlender denn je. Die große Göttin fährt mit dem jungen König, ihrem Sohn und Geliebten – Mutter und Sohn sind das Herrscherpaar –, im gleißenden Mondschiff durch das Wolkenmeer. In der Seele der Menschen hat sich dieses Mysterium bis in unsere Zeit erhalten: Aus dem ›Wagen des Meeres‹, dem ›car navalis‹, ist der Karneval entstanden, und wir jubeln noch heute eigentlich der großen Mondgöttin zu, wenn die prächtig geschmückten Karnevalswagen mit dem »Prinzenpaar« in silbernen und goldenen Gewändern, glänzende Kronen auf dem Kopf, durch die Straßen ziehen. Das große Weibliche wirkt weiter in den Seelen der Menschen, selbst wenn die Kenntnis darüber nicht mehr im Bewusstsein ist. Das tiefere Wissen um die das Leben erneuernde Kraft des Mütterlichen bleibt dennoch erhalten und wird in der Freude, im Ausgelassensein, in der Faszination, ja auch in der Ekstase, die solche Karnevalsbräuche auslösen können, wieder erlebt. Jetzt werden die Tage immer länger, bald beginnen die ersten kleinen weißen Schneeglöckchen zu blühen – das Leben ist auferstanden.

Doch zunächst zieht das silberne Wolkenschiff weiter über den Himmel, wird größer und voller – zwölf Tage nach dem ersten Auftauchen der schmalen Sichel steht am 6. Januar der Mond hell glänzend in seiner ganzen runden Schönheit am Himmel. Der neue König erstrahlt in seinem Glanz, wird gekrönt und gefeiert – Fest der Erscheinung (griechisch: Epiphania) –, wir begehen es noch heute, es ist auch der Tag der »Heiligen Drei Könige«. Damals durfte der neue König 19 Jahre lang regieren, im 13. Monat des 19. Jahres musste er sterben, ein Unglücksmonat für ihn. Wir verbinden noch heute mit der Zahl 13 Unglück. Im Märchen von Dornröschen war es auch die 13. Fee, die das (scheinbare) Unglück über das Kind brachte, was deutlich macht, dass alte Mythen nicht einfach sang- und klanglos aus der Vorstellungswelt der Menschen verschwinden; sie halten sich viele tausend Jahre, ein Beweis für die Kraft, die in der Verbindung der Seele mit dem Göttlichen liegt. Diese Kraft mag nicht immer für jeden Menschen gleich stark spürbar sein, doch sie ist da, abrufbereit. Manchmal, vor allem in Zeiten, in denen ein Lebensabschnitt zu Ende geht und ein neuer beginnen möchte, wird sie in der Psyche zurückgehalten. Ein negativer Komplex – alte Verwundungen, Verletzungen, unrealistische Einstellungen, Ängste, Unsicherheiten – hält sie gefangen, und der Mensch fühlt sich kraft- und hilflos, ja oft wie gelähmt, zu nichts fähig, möchte sogar am liebsten sterben. Das ist die Zeit, in der – nach alter Vorstellung – der Mond gestorben, in die Unterwelt eingegangen ist. Schwarz trauert die Nacht um ihn, dunkel ist es in der Seele des Menschen, der das Sterben des Fruchtbaren, des mütterlich Nährenden erlebt, und Todessehnsucht packt ihn. Er will auch sterben, will zurück zur Mutter Erde, er sehnt sich nach ihren bergenden Armen. So wie sie im Neumond verschwunden ist, will er ihr nach – verschwinden in ihrem dunklen Reich. Doch der Tod des menschlichen Körpers ist unwiderruflich, während der der Seele zu neuem Leben sich wandelt – wie die Mondsichel am Himmel. Mutter Mond kehrt zurück. So kommt auch die Kraft des Mütterlichen, Nährenden, Spendenden, Fruchtbarkeit Bringenden der Seele wieder. Der Mensch lebt! Er atmet auf, befreit, beglückt; er spürt, wie das silberne Schiff im Meer seiner Seele sich füllt mit Gaben, Geschenken der Großen Mutter – so wie das Kind zu Weihnachten beschenkt wird. Das Schöpferische ist wieder erwacht, wird mehr und mehr, heller, strahlender, voller denn je.

»Und das ist mein Lichtkind«, sagt die Frau, nachdem sie tapfer die dunkle Nacht ihrer Seele durchgestanden hat und nun den Neuanfang eines anderen, gewandelten Abschnitts ihres Lebens erfährt, buchstäblich ›er-fährt‹ – im glänzenden Schiff der Mondgöttin, reich beladen mit vielen Kostbarkeiten. Nun kann sie wieder schöpferisch tätig sein, einem neuen Höhepunkt ihres Lebens zuwandern, an dem sie dann, dem strahlenden vollen Mond gleich, die heilige Hoch-Zeit erlebt, wie im-

mer diese auch für diese Frau oder für jeden anderen Menschen aussehen mag. Es kann eine Zeit gesteigerter Aktivität und Kreativität sein, eine Zeit neuer Beziehungen, vielleicht einer neuen großen Liebe – zu einem Menschen oder auch zu etwas anderem –, einer Idee, einer Aufgabe. Natürlich wird diese Zeit nicht anhalten. Zeit wandert weiter. Der Mond wird nach dem 13. Tag wieder abnehmen, das ist das Schicksal, das ewige Auf und Ab. Aber die Gewissheit, dass es nach dem Ab wieder ein Auf geben wird, ist tröstlich. Der Mond geht ganz gewiss wieder auf. Die große Kraft des Weiblichen, der Fruchtbarkeit des Lebens, der spendenden Mutter kehrt zurück – ebenso gewiss. Immer wieder aufs Neue gebiert sie ihr Kind, unermüdlich, Zyklus für Zyklus – wie wir wissen seit vielen Tausenden von Jahren. Das ist das Geheimnis der Seele, das die Menschen der alten Zeit im Wandel des Mondes entdeckt haben. Dort oben wurde das Göttliche mit dem Himmel in Verbindung gebracht, weil es da sichtbar war für die Menschen von damals. Und da sie es sehen konnten, wurde es ihnen bewusst. Trost und Dankbarkeit erfüllte sie, das Leben kehrt wieder, ein Grund zum Jubeln, Tanzen und Singen. In ekstatischer Freude wurde das Mysterium gefeiert, das neugeborene Leben, das göttliche Kind im Licht seiner Mutter.
Dass aus der Seele dieser Frau gerade jetzt das Lichtkind auftaucht, heißt, dass sie für den Lebensabschnitt, den sie zu bewältigen hat, neue Energien aus den Tiefen ihrer Psyche, speziell die Fähigkeiten ihres Kindes braucht. Dort, im großen Speicher des kollektiven Unbewussten sprudelt die Quelle für alles Lebendige, Kreative, Intuitive und Emotionale. Sie ist das Energiefeld für das Spontane, den Einfallsreichtum, für alle Ideen und schöpferischen Impulse. Das Kind – in dir, in mir, in allen Menschen – ist die Kraft der Wandlung, die Kraft der Liebe, das Licht der Zukunft.
Wem fallen zum mythischen Bild der Himmelsmutter nicht die zahlreichen Darstellungen der Maria, der Muttergottes, ein? Wie sie dasteht auf der Sichel des liegenden Halbmondes, in

ihren blauen, mit leuchtenden Sternen gesäumten, kosmischen Mantel gehüllt, darüber das strahlende Licht der Sonne. Hier und in ihr liegt die Kraft verborgen, die Menschen brauchen, wenn sie in große Verzweiflung fallen, wenn ihnen ihr geistiges Wissen keinen Halt mehr gibt, wenn das Leben sinn- und trostlos geworden ist. Dann wendet man sich gern an das Weibliche, das Mütterliche, das in solchen Lebenszeiten eher Trost verspricht als das sonst die Wege leitende Väterliche. Nicht umsonst hat sich das Wissen um die Notwendigkeit der Präsenz des großen Mütterlichen in der Person von Maria über zweitausend Jahre hinweg gehalten. Nach wie vor wenden sich Menschen in schwierigen Lebenssituationen an die Gottesmutter, flehen um ihre Fürbitte. Es ist ja auch natürlich, dass zum Vater die Mutter gehört, schließlich hat sie das Kind geboren. Warum sollte in der Religion, die doch der tragende Grund für Seele und Geist ist, eine unnatürliche Einseitigkeit bestehen? Kann eine Religion, die den Gegebenheiten der Natur keine Rechnung trägt, sinnvoll und hilfreich für die Menschen sein? Kann das heilen, was die Ganzheit spaltet und nur der einen Seite Kraft und Macht zuspricht?

Seelische Störungen, und mit ihnen meist auch körperliche Erkrankungen einhergehend, entstehen gerade aus psychisch-geistigen Defiziten und aus Abspaltungen. Es geht nicht gut, wenn man das, was zusammengehört, auseinanderreißt. Deshalb ist im kollektiven Bewusstsein Maria, die Muttergottes, nie verschwunden. Doch in unserer heutigen Zeit, die immer noch stark patriarchal, auf Machbarkeit und Leistung hin strukturiert ist, fristet sie eher ein Dasein im Hintergrund. In unserer Gesellschaft wird dem Bergenden, Tröstenden, dem Mütterlichen wenig Raum geschenkt. Obwohl gerade das so dringend nötig wäre, um das Gleichgewicht zum fordernden Männlichen herzustellen.

Zwar steht im Vierten Gebot der Vater an erster Stelle ›Ehre deinen Vater und deine Mutter ...‹, doch bei 2 Mose 19 können wir lesen ›Ihr sollt ein jeder Ehrfurcht vor seiner Mutter

gehen, das Kind so lange am Tisch zu halten, bis es aufgegessen hat; in Extremfällen muss das eventuell Erbrochene auch noch mitgegessen werden. Am Esstisch spielen sich viele Grausamkeiten ab, an die sich der Erwachsene später nur ungern erinnert. Meist wird allerdings versucht, die Eltern, insbesondere die Mutter zu entschuldigen: Sie war alleinerziehend, der Vater hat seine Unterhaltsverpflichtungen nicht eingehalten, sie musste hart arbeiten, um die Familie einigermaßen, auch finanziell, in Balance zu halten usw.
Heute steht das Schicksal der alleinerziehenden Mütter, seltener auch das des allein erziehenden Vaters im Vordergrund.

Idealisierungen

Dabei wird häufig vergessen, dass in der vorigen Generation viele Mütter und Väter Kriegskinder waren. Als zum Beispiel vom Vater keine Feldpostbriefe mehr kamen und die Familie mehrfach evakuiert werden musste, hieß es »die Mama hat nachts geweint, es war schlimm, dass ich ihr nicht helfen konnte«. Eine einzige frische Erdbeere aufs Brot geschnitten: was für eine Köstlichkeit! Die Mutter tauschte ihre Lockenwickler gegen Kartoffeln und wickelte ihre Haare auf Zeitungspapier.[12] Die Belastungen, denen Mütter mit ihren Kindern auf der Flucht, in den Bombenkellern, in der Hungerzeit nach dem Krieg ausgesetzt waren, ist für uns heute, wenn man es nicht selbst miterlebt hat, kaum noch vorstellbar. Vor diesem Hintergrund ist es nicht erstaunlich, dass viele Frauen dieser Generation hart und unerbittlich werden mussten, wenn sie den außergewöhnlichen Belastungen, auch zugunsten ihrer Kinder, standhalten wollten. So wird von den Frauen, die damals Kinder waren, heute selbst erwachsen und Mutter und Großmutter sind, immer wieder darauf hingewiesen, dass die ›damalige Zeit‹ völlig aus den Fugen geraten war, die Menschen diese Be-

lastungen nur unter bestimmten inneren und äußeren Umständen und Verhaltensweisen aushalten konnten.
Hier wird deutlich, dass es Kindern immer sehr wichtig ist, ein positives Elternbild aufrechtzuhalten, auch wenn es häufig in keiner Weise mit der Lebenswirklichkeit übereinstimmt. Es sieht so aus, als könnten wir letztlich ohne die Vorstellung, dass ein uns liebender Mensch uns über die Entwicklungsjahre begleitet hat, nicht überleben. Hier werden eigentlich unüberbrückbare Gegensätze in einem einheitlichen Bild in der Seele zusammengefasst. Das hat sich immer wieder bestätigt, auch in extremen Fällen, in denen Kinder bis an die Grenze des Überlebens belastet und gequält wurden, selbst dann noch, wenn eines der Geschwister infolge dieser Grausamkeiten gestorben war. Es ist, als dürfe in bestimmten Abschnitten unserer Entwicklung das gute Elternbild nicht angetastet werden. In der psychoanalytischen Erforschung der frühen Kindheit spricht man vom ›guten Objekt‹, das die Seele trotz gegenteiliger Erlebnisse aufrechterhält. Das führt zur Mobilisierung großer Kräfte. Die Wirksamkeit dieser Energien sind, im Rückblick vom Erwachsenen her gesehen, schon in der allerfrühesten Kindheit nachweisbar. Man könnte hier von einer großen Tragik sprechen: Das, was in der Seele des Kindes über die jahrtausendelange Entwicklungsgeschichte der Evolution geformt worden ist, steht oft in einem krassen und kaum nachvollziehbaren Gegensatz zur Wirklichkeit des Erlebens in vielen Familien. Wir sprechen hier von einer häufig nachweisbaren Neigung zur ›Idealisierung‹ der Eltern, die, und das hat die Psychoanalyse eindeutig nachgewiesen, genau genommen eine massive Abwehr der gegenteiligen Gefühle und Affekte ist. Es sieht so aus, als müssten wir unsere Eltern in dem Maße idealisieren, in dem sie uns mit ihrem Verhalten eigentlich schweren Schaden zugefügt haben. Genau genommen: Idealisiert wird dort, wo die Entwicklung gefährdende Defizite aufgefangen und ausgeglichen hat.
Viele Väter spielen in diesen dunklen Schatten, die sich über

das Leben eines Kindes legen können, leider eine dominante Rolle. Es sind nicht nur die sexuellen Misshandlungen und Traumatisierungen, die heute endlich in den Blickpunkt der Öffentlichkeit und auch der Familien gerückt sind, sondern auch ein zum Teil grausamer Sadismus, der sich in nicht wenigen Fällen auch auf Gott bezieht, der alles rechtfertigt. Hier wird auch immer wieder aus der Bibel zitiert, zum Beispiel: »Erspare deinem Kinde die Züchtigung nicht. Schlägst du es mit der Rute, wird es nicht zu sterben brauchen.« Und an anderer Stelle: »Mein Sohn verschmähe nicht die Zucht des Herrn und sei nicht unwillig über seine Strafe; denn wen der Herr lieb hat, den züchtigt er, und zwar wie ein Vater den Sohn, mit dem er es gut meint.«

Wir erinnern uns an einen besonders tragischen Fall, in dem ein Sohn gezwungen wurde, die Weidenruten im Garten, mit denen er anschließend in entsprechender Weise gezüchtigt wurde, selbst abzuschneiden. Vorher musste er mit seinem Vater zusammen auf die Knie fallen, Gott um Vergebung für die Sünden bitten, die er begangen hatte, sich dann entsprechend entblößen und die zum Teil sehr heftigen Schläge ›dankbar‹ entgegennehmen. Solche Strafen werden häufig noch mit dem Satz verbunden: »Wenn du heulst, kriegst du noch mehr.« Wir können uns vorstellen, dass sich einige Leserinnen und Leser an Sätze dieser oder ähnlicher Art erinnern.

Besonders tragisch ist, wenn der Vater Pastor einer freikirchlichen Gemeinde war und entsprechend einseitig und streng sein eigenes Leben und das seiner Familie regelte.

»Und weil die Heimkehrer so sehr des Trostes bedurften, den ihnen der Geistliche nicht gab, holten sie sich sein Töchterchen und setzten es sich auf den Schoß. Elisa schüttelt sich noch heute vor Ekel. ›Denen tat es gut, so ein kleines liebes Mädchen zu betatschen‹, sagt sie, ›und das kleine liebe Mädchen wehrte sich nicht. Unser Vater hat in uns hineingeprügelt, dass Erwachsene *immer* im Recht waren.‹«[13]

Der Vater teilte heftige Strafen mit Rohrstock und Lederriemen aus. »Besonders demütigend war«, sagt Elisa, »dass wir die Schuld dafür übernehmen mussten. Wir mussten uns bücken und stillhalten. Der Vater hat uns immer gesagt: Lieber holt euch Gott in den Himmel, als dass ihr hier auf Erden irgendetwas macht, das sündhaft ist.« Elisa wird nie vergessen, wie ihre älteste Schwester, die ›vernünftigste‹ von allen Geschwistern, zum Vater hinging und sagte: ›Vater, hau mich, damit ich ein liebes Kind werde.‹ Besonders grausam und kaum noch nachzuvollziehen ist die propagierte Beziehung zwischen der christlichen Religion, dem Gottesbild, und den entsetzlichen Strafen. Gerade die Verinnerlichung dieser Strafe und die damit verbundene Selbstbestrafung ist in der Behandlung von Erwachsenen ein besonders schwieriges Kapitel.
Bei den hier angedeuteten Schicksalen wird noch einmal in dramatischer Weise deutlich, mit welchen unüberbrückbaren Schwierigkeiten und Gegensätzen die junge und auch später noch die erwachsene Seele konfrontiert wird, wenn sie einerseits um des eigenen Überlebens willen ein positives Elternbild aufrechterhalten will und muss und andererseits vor Wirklichkeiten steht, die dieses schier unmöglich machen. Der Wunsch, das positive Elternbild zu wahren, ist in jedem Menschen so tief verwurzelt, dass dem zweifellos eine wichtige Funktion zukommt. Es ist eben zum Teil wirklich tragisch, dass ich ein gutes Verhältnis zu mir selbst nur dann entwickeln und aufrechterhalten kann, wenn ich alles ›Gute‹ auf die Seite meiner Eltern und Erzieher – hier rechne ich die Kirche mit ein – projiziere und mir selbst alle dunklen Seiten zurechne. Ich bleibe dann derjenige, der immer Schuld hat, der Sünder, dem es im Leben nicht gut gehen darf. Unsere Eltern wollten für uns natürlich immer nur ›das Beste‹. Sie sind in der Regel auch davon völlig überzeugt und haben auf diese Weise dafür gesorgt, dass »aus mir doch noch etwas geworden ist«. Gerade solche Sätze zeigen mit trauriger Deutlichkeit, welch gebrochenes Bild ich von mir selbst habe und welche Unsicherheit es damit in der

Basis meines Lebens gibt. Viele Probleme, die ich im mitmenschlichen Kontakt, in der Ehe oder am Arbeitsplatz habe, erklären sich daraus. Besonders schwerwiegend ist auch das mit diesen Erfahrungen verbundene Gottesbild: Wie kann Gott so ein Wesen wie mich lieben, wo ich doch zutiefst von meiner Sündhaftigkeit überzeugt bin? Und wie kann ich vor einem so strafenden Gott bestehen, dessen Zorn in der Bibel immer wieder erwähnt wird?
Begriffe wie ›Idealisierung‹ können natürlich auch missverständlich sein. Damit ist nicht gesagt, dass die Idealbildung nicht ein wichtiger Entwicklungsimpuls im Leben ist, mit dessen Kraft Ziele angestrebt werden, die der Weiterentwicklung des Einzelnen dienen. Die Psychoanalyse trägt diesem Beobachtungstatbestand auch dadurch Rechnung, dass sie das Konzept eines ›Ideal-Ichs‹ entwickelt hat, also einer Instanz in jedem Menschen, die Ideale zu bilden in der Lage ist und in der Regel auch immer auf diese Weise wirkt. Aber hier wie überall im Leben ist damit noch nichts darüber ausgesagt, dass diese das Leben fördernde Funktion nicht auch, wenn übertrieben und in bestimmten Zusammenhängen überfordert, durchaus negative Folgen haben kann, was man oft erst in späteren Lebensjahren sieht.

Traumatisierungen

Wir sind im Laufe unserer Überlegungen zum Gebot, die Eltern zu ehren, immer wieder auf die schwierige Frage gestoßen, wie es denn überhaupt möglich ist, nach solchen negativen und schmerzvollen Erfahrungen mit unseren Eltern doch noch eine positive Einstellung und ein gutes Gefühl ihnen gegenüber entwickeln zu können. Lange psychotherapeutische Beobachtungen zeigen, wie viel negative Gefühle und Hass in der Seele gespeichert sein können, die aber eben, um das positive Elternbild

aufrechtzuerhalten, nie zugelassen werden. Hier spielen die entsprechenden moralischen Gebote eine entscheidende Rolle. Den Satz, »So darfst du überhaupt nicht über deine Mutter reden« oder »So darfst du nicht über deinen Vater denken«, haben viele von uns gehört. Der damit entstehende Gewissenskonflikt bleibt häufig ein Leben lang erhalten und unterminiert das Verhältnis der Generationen. Das gilt besonders dann, wenn alternde Eltern hilfsbedürftig werden und von Tochter oder Sohn ins Haus genommen werden müssen oder auf sonstige Weise auf Pflege angewiesen sind. Die Verhärtung der elterlichen Charaktere, die häufig in ihnen durchbrechenden Aggressionen aus der Kindheit machen das Zusammenleben der Generationen in solchen schwierigen Situationen besonders schwer.
Gerade in Deutschland, in der Zeit des Krieges und über viele Jahrzehnte danach, sind die Wunden, die diese katastrophalen Erlebnisse geschlagen haben, noch immer nicht geheilt. Die inneren Widersprüche und Gewissensbelastungen, auch angesichts der später im Leben zu leistenden Arbeit in Ehe, Familie und Beruf haben viele Menschen völlig überfordert und zu entsprechenden neurotischen und psychosomatischen Belastungen geführt. Wir stehen in unserer praktischen Arbeit immer wieder vor der traurigen Tatsache, dass der Krieg längst nicht zu Ende, seine Folgen nicht überwunden sind. Die Bilder von Kriegsschauplätzen in Europa, insbesondere auf dem Balkan aktualisieren oft die eigenen Erlebnisse, diese brechen einfach auf. Die Not dieser Menschen hat dazu geführt, dass spezielle Behandlungsmethoden, die heute unter »Traumatherapie« zusammengefasst werden, entwickelt wurden und auch in vieler Hinsicht sehr erfolgreich sind.
Natürlich kann das moralische Gebot, dass wir unsere Eltern lieben und ehren sollen, eine Hilfe sein, damit wir nicht von diesen negativen Affekten überwältigt werden. Aber der innere Kampf kostet so viel Energie und die bei diesen pflegenden Menschen zu beobachtende Erschöpfung ist so deutlich, dass die in der Regel angebotene und geforderte Lösung eben wirk-

lich oft nur eine ›Not-Lösung‹ ist. Es ist die Lösung für eine große innere moralische und gefühlsmäßige Notsituation. Der Tod des betreffenden Vaters oder der Mutter wirkt dann manchmal wie eine Er-Lösung. Es sich dann aber zuzuerkennen, dass das Sterben der Eltern eine wirkliche Erleichterung bedeutet, bereitet vielen Menschen noch einmal große Schwierigkeiten, als dürften sie nicht denken, wie gut es ist, dass sie jetzt von dieser Last befreit sind. Meist heißt es, dass Mutter oder Vater jetzt von ihrem Leiden erlöst wurden. Der zweite Teil des Satzes müsste heißen: Und ich bin erlöst von der für mich kaum noch erträglichen Belastung der Pflege. Hier ist es einfach wichtig, dass die nachfolgende Generation den Mut zur Ehrlichkeit hat, wir würden sagen, zur gefühlsmäßigen und affektiven Ehrlichkeit. Die innere Situation dann so zu sehen, wie sie wirklich ist, stellt die unbedingte Voraussetzung dar, dass ich zur Ruhe komme, mit mir selbst und dann letztlich auch mit meinen Eltern wieder in Frieden bin. Es gibt leider so viel ›faulen Frieden‹ in diesen Bindungen, und wir können nicht oft genug betonen, dass dies in energetischer Hinsicht eine permanente Belastung ist, die sich häufig erst mit dem eigenen Tod ›löst‹. Von dieser Erlösung kann jedoch nichts mehr wahrgenommen und die damit frei gewordenen Energien können nicht mehr anders und sinnvoll zum Beispiel für die eigenen Kinder oder andere Menschen genutzt werden.
Andererseits müssen wir auch davon ausgehen, dass diese traurigen und belastenden Schicksale doch zum Teil einfach getragen werden müssen. Je mehr wir uns offen und ehrlich damit auseinandersetzen, umso größer wird die Fähigkeit, das Leben heute zu bestehen. Wir zitieren noch einmal aus dem Buch von Sabine Bode:

»Ja, so sollte es sein in den Familien, zwischen den Generationen. Kein Schweigen, keine Geheimnisse. Kein Sich-Abwenden, wenn die erwachsenen Kinder Fragen stellen. Kein Augenverdrehen, wenn Opa ›mal wieder vom Krieg anfängt‹. Die Vergangenheit weitergeben als einen Erfahrungsschatz, auch das Schwere, auch das, was man angeblich nicht beschreiben kann. Die eigenen Kinder nicht belügen, ihnen nichts verschweigen.«[14]

Wir sind hier an einem Kernpunkt unserer Überlegungen angekommen. Von einem kritischen Standpunkt aus ist nicht einzusehen, warum diese energetischen Zusammenhänge, die in den Betroffenen existieren, nicht wahrgenommen werden dürfen. Wir sind ja auch sonst bereit, Krankheiten, die unseren Körper belasten, zu behandeln und zu überwinden. Die Verdrängung der negativen Affekte in der Eltern-Kind-Beziehung ist eine entsprechend vergleichbare krankhafte Belastung, die gleichermaßen wie körperliche Probleme zu behandeln ist. Hier braucht es allerdings die Einsicht und ein Maß an innerer Freiheit, die Dinge zu sehen, wie sie wirklich sind. Im Neuen Testament heißt es: ›Nur die Wahrheit macht uns frei.‹ Das ist leichter gesagt als befolgt. Aber es gibt eben auch Wahrheiten in der Dynamik unserer Seele, die vor dem Hintergrund der großen kollektiven moralischen Vorstellungen nicht leicht zu sehen und zu verwirklichen sind.
Unsere Eltern standen in moralischer Hinsicht häufig vor schwierigen Fragen. Anständigkeit und Ehrlichkeit wurden in der Erziehung gerade in schweren Zeiten hochgehalten. Gleichzeitig musste von den Kindern erkannt werden, dass diese Kategorien nur bedingt stimmten. Der Kölner Kardinal Frings hatte während des Kriegs den Mut, von der Kanzel herab sein Verständnis für das Stehlen von Kohlen zu zeigen, weshalb in der Bevölkerung für diese Art von Diebstahl das Wort ›fringsen‹ in Umlauf kam. Man darf davon ausgehen, dass es vielen Eltern nicht leichtgefallen ist, diese Doppelmoral vor sich selbst und vor den Kindern, von denen sie eine eindeutige moralische Haltung verlangten, zu vertreten.

Kriegskinder

Es sei noch ein anderes Thema erwähnt, nämlich das der ›Kriegskinder‹, denn es ist in den letzten Jahren deutlich ins allgemeine Bewusstsein gerückt. Zum Beispiel hat die Fernsehserie *Die große Flucht* mit wünschenswerter Deutlichkeit gezeigt, welchen Belastungen die Menschen der damaligen Zeit ausgesetzt waren. Wir sahen Kinder, die im Kinder- oder Handwagen durch Ostpreußen gezogen wurden, bei großer Kälte, nur in eine dünne Baumwolldecke gehüllt. Sie wurden von den Müttern, denn die Väter waren als Soldaten an der Front, unter äußerster Aufopferung am Leben erhalten. Für diese Mütter empfinden wir eine tiefe Dankbarkeit und es ist dann besonders schwierig, sich mit eventuell negativen Gefühlen, die ja trotzdem nicht ausbleiben, ihnen gegenüber auseinanderzusetzen. Denn diese Mütter sind auch von ihrem Schicksal beschädigt und keineswegs in der inneren Harmonie und Reife, die ihrem Alter entsprechen würde. Da gibt es sehr viel Bitterkeit, welche auch die nachfolgende Generation mit zum Teil unerfüllbaren Ansprüchen zu spüren bekam, Aber es ist nur zu gut nachvollzichbar, dass wir diese Menschen, die unser Schicksal so wesentlich beschützt und gefördert haben, auch vor negativen Gefühlen schützen wollen. Hier zeigen sich noch einmal sowohl die positive Wirkung der Idealisierung als auch deren Schattenseiten, die meistens erst Jahrzehnte nach dem Fluchterlebnis deutlich werden.

Ähnliche Erlebnisse beobachten wir bei Jungen, deren Väter im Krieg gefallen sind und die sowohl von ihren Müttern als auch von den Großeltern als Helden idealisiert wurden. Ein abgeschossener Jagdflieger ist eben nicht nur ein abgestürzter Pilot, sondern in den Augen der Hinterbliebenen ein Held, der den ›Heldentod‹ gestorben ist. Jeder gefallene deutsche Soldat war ein Held und musste von der nachfolgenden Generation auch so gesehen werden, um mit diesem schweren Schicksal des Verlustes wenigstens einigermaßen fertig werden zu können.

Die Fotos der gefallenen Väter und Söhne standen auf der Anrichte und waren oft jahrelang mit einem Trauerflor umgeben. Dies bezieht sich häufig nicht nur auf Väter und Söhne, sondern auch auf die Großväter, deren Namen dann in der übernächsten Generation weitergegeben und festgehalten wurden. Es konnte also durchaus so sein, dass ein Sohn den Namen seines im Ersten Weltkrieg gefallenen Großvaters trug. Auch jüngeren Söhnen, die nicht zum Militär kamen, konnte die Verpflichtung auferlegt werden, dem idealisierten älteren Bruder nachzueifern, dessen hoch gelobte Schulleistungen ebenfalls zu erbringen und edlen Charakterzüge zu verwirklichen.

Hier gibt es eine Fülle von traurigen Hypotheken und es bedarf oft jahrelanger innerer Arbeit und häufig auch mit Schuldgefühlen belasteten Auseinandersetzungen, um wieder zu seinem eigenen Leben, seiner Identität zurückzufinden.

Nur am Rande sei vermerkt, dass der ›Heldentod‹ der Tod eines Soldaten war, der unter Umständen viele Menschen, die als ›Feinde‹ angesehen wurden, getötet hatte. Man musste also jemanden verehren, der mit seiner Waffe vielen anderen Männern auf der ›Feindesseite‹ das Leben nahm. Interessanterweise ist diese Gewissensproblematik in unseren Beobachtungen mit Patienten nur selten aktualisiert worden. Hier spielt natürlich auch die Ideologie des jeweiligen Staates eine Rolle, in dem es die Pflicht und Ehre der Soldaten ist, die Männer der anderen Seite zu töten. So ist es in diesem Zusammenhang eine zwiespältige Forderung, die Väter zu ehren, wenn diese Ehrung gleichzeitig mit Verhaltensweisen verbunden ist, die unter anderen moralischen Bedingungen als nicht akzeptabel gelten.

Eine besondere Schwierigkeit kann zum Beispiel auch darin bestehen, dass ein Vater erblindet aus dem Krieg zurückkommt. Mit ihm muss besonders vorsichtig umgegangen werden, »weil er ja nichts sieht«. Das Kind, das er vielleicht noch gar nicht gesehen hatte, weil es geboren wurde, als er schon an der Front war, konnte nicht einfach spontan auf ihn zulaufen, ihn umarmen oder auch, als Junge, so mit ihm kämpfen, wie er es gerne

mit seinem Vater tun würde. Auch für das Männerbild einer heranwachsenden Frau ist diese durch viele Einschränkungen und Belastungen gekennzeichnete Beziehung zu einem kriegsversehrten Vater eine unter Umständen schwerwiegende Komponente ihres Schicksals. Hier stellt sich im Hinblick darauf, den Vater zu ehren, eine besonders schwierige Konfliktsituation dar. Dieser Vater muss seinen Kindern sehr viel schuldig bleiben, was nicht geschehen wäre, wenn er nicht durch einen unsinnigen Krieg – jeder Krieg ist unsinnig und moralisch zu verwerfen – so entscheidend verwundet worden wäre.
Die hier angedeuteten Idealisierungen, die Heldenbilder, die Forderung, die vorausgegangene Generation, die so viel Schreckliches und eigentlich Unerträgliches erlebt hat, zu verstehen und zu achten, stellt eine fast nicht zu bewältigende Aufgabe dar. Unser kollektives Bewusstsein enthält jedoch diese großen Fantasiesysteme mit ihren Forderungen, entsprechend rücksichts- und verständnisvoll mit den behinderten Vätern und über die Maßen belasteten Müttern umzugehen.
In allen autoritär geprägten Staaten gibt es umfassende Ideologien, die die Lebensmöglichkeiten des Einzelnen einschränken. Das betraf auch die Verantwortung der Mütter im Dritten Reich. Und damit einher gingen entsprechende Anweisungen für Eltern.

»Eine ungeheure weltanschauliche Wandlung vollzieht sich zurzeit in unserem Volk. Neue Pflichten, neue Verantwortung warten auf jeden. Auf Frauen wartet als unaufschiebbare dringlichste die eine uralte und ewig neue Pflicht: der Familie, dem Volk, der Rasse Kinder zu schenken.«

In dem in der Nazizeit erschienenen Ratgeber *Die deutsche Mutter und ihr erstes Kind* wird zum Beispiel auf 25 Seiten das Thema Reinlichkeit behandelt, aber die Thematik der körperlichen und geistigen Entwicklung nur auf einer halben Seite.

»Vor allem mache sich die ganze Familie zum Grundsatz, sich nie ohne Anlass mit dem Kind abzugeben. Das tägliche Bad, das regelmäßige Wickeln des Kindes und Stillen bieten Gelegenheiten genug, sich mit ihm zu befassen, ihm Zärtlichkeit und Liebe zu erweisen und mit ihm zu reden ... Doch hüte sie sich vor allzu lauten und heftigen Bekundungen mütterlicher Gefühle.«

Dies belegt in trauriger und bedenkenswerter Weise den großen Schaden, den Ideologien und Vorstellungssysteme in der Psyche des Menschen anrichten können. Man kann gar nicht oft genug darauf hinweisen, welch verheerende Wirkungen Ideologien und die damit verbundenen Fantasiesysteme bei Menschen anrichten können. Aus ihnen entwickeln sich nämlich Regeln und Zuschreibungen, die das Leben als Mann und Frau, als Vater und Mutter bestimmen. Diese Vorstellungen sind leider sehr fest in den inneren Instanzen verankert, welche die Psychoanalyse als Über-Ich und Ideal-Ich beschrieben hat. Hier wird noch einmal die problematische Seite der wunderbaren Fähigkeit der Menschen zur Idealisierung deutlich.
Wir haben dies so ausführlich beschrieben, weil es noch einmal die Schicksalszusammenhänge im Erleben der Väter und Mütter erhellt und es der nachfolgenden Generation wahrscheinlich doch erleichtern wird, die Eltern so zu ehren, wie es das Gebot empfiehlt. Und es bleibt eine Tatsache, dass der Frieden mit den Eltern, der auf diesem Wege zu erreichen ist, auch einen Frieden der eigenen Seele bedeutet. Auf diese Weise kann ich den Weg zum Frieden mit mir selbst finden.

Frieden mit den Eltern? – Frieden mit mir!

Wenn wir an Versöhnung denken, auch im religiösen Rahmen, denken wir zuerst an die Versöhnung mit Gott, die durch den Opfertod Jesu möglich geworden ist. Wir denken aber auch an die Versöhnung mit anderen Menschen, wissen nur zu gut, dass wir uns mit ihnen aussöhnen müssen, um innerlich zur Ruhe zu kommen und Frieden zu finden. Woran wir aber sehr selten denken, sicherlich nicht im gleichen Atemzug, ist die Versöhnung mit sich, mit mir selbst. Warum? Gibt es das überhaupt, dass ich mich mit mir selbst versöhne? Das würde ja voraussetzen, dass wir zwei und nicht einer wären, einer, der das Versöhnungsangebot macht, und einer, mit dem wir uns dabei versöhnen, mit dem ich mich innerlich aussöhne. Das eben gebrauchte Wort ›innerlich‹ weist schon darauf hin, dass es sich hier um einen inneren Prozess handelt, um etwas, das in mir, in meinem Herzen oder in meinem Geist geschieht. Auch wenn wir vielleicht eher selten von der Versöhnung mit uns selbst sprechen, so ist doch die Sehnsucht in uns lebendig, mit uns selbst im Einklang, in Frieden zu sein oder wieder unseren Frieden mit uns selbst, nicht nur mit unseren Nächsten zu machen.

Wir sind immer zu zweit

Hier wird schon deutlich, dass es sich beim Versöhnungsgeschehen immer um ein Zweipersonenstück handelt, entweder den Menschen und Gott, den Menschen und den anderen sowie den Menschen und sich selbst. Es ist leicht gesagt, dass es keinen Frieden in der Welt geben kann, wenn wir nicht in Frieden mit unserem Nächsten und mit uns selbst leben. Schauen wir uns um, so finden sich viele Beispiele für Unversöhnlichkeit und dem zwangsläufig daraus folgenden Unfrieden. Und schauen wir in uns selbst hinein, finden wir viele Konflikte, viel Unzufriedenheit mit uns selbst, viel Ablehnung und direkte Feindschaft uns selbst gegenüber. Wir liegen mit uns selbst im Krieg, wir kämpfen gegen uns selbst, unseren ›inneren Schweinehund‹, ja, wir ermorden uns, weil wir es mit uns selbst nicht aushalten. Überall Feindschaft, nirgends Versöhnung, auch und nicht zuletzt in unserem eigenen Herzen. Viel zu selten gehen wir freundlich mit uns um, denn wir haben es wohl nicht anders lernen dürfen, als uns selbst kritisch und feindselig gegenüberzustehen und nur ganz heimlich an etwas zu denken, was uns guttäte. Dies geschieht dann oft in indirekter Form: Indem wir andere kritisieren oder schlecht über sie reden, stehen wir selbst wenigstens in einem etwas günstigeren Licht da. Aber das ist ein völlig ungenügender Ausgleich dieses zentralen inneren Mangels an positiver Bewertung unserer selbst. Dieser Weg führt nie zum inneren Frieden und zur Versöhnung mit uns selbst, sondern nur zu großer innerer Spannung. Und dabei ist Versöhnung ein so zentrales Thema, dass unser christlicher Glaube hauptsächlich davon handelt, wie wir mit Gott versöhnt werden können.

Versöhnung, ein großes Menschheitsthema

Seit 2000 Jahren bewegt uns dieses Thema, werden wir wieder und wieder ermahnt, auf große Vorbilder hingewiesen, doch leider mit wenig sichtbarem Erfolg. Warum ist das so? Sind wir uns derart fremd, dass wir gar nicht wissen, mit wem wir es eigentlich hier zu tun haben? Oder haben wir so viel Angst vor uns selbst, dass wir uns gar nicht ins Auge zu schauen wagen, dass es uns einfacher erscheint, den Feind außerhalb von uns zu sehen, ihn dort zu bekämpfen? Wir sehen den Splitter im Auge des anderen, aber nicht den Balken in unserem eigenen. Wir ziehen gegen das Böse in der Welt zu Felde und verleugnen unseren eigenen Schatten. Mit so allgemeinen Sätzen wie »Wir sind halt alle Sünder« täuschen wir uns darüber hinweg, dass wir zunächst ganz persönlich gemeint und angesprochen sind. »Du Narr, noch heute Abend wird man deine Seele von dir fordern«, heißt es vom reichen Mann im biblischen Gleichnis. Nicht die Seele irgendeines anderen Menschen, und sei es die seines Nächsten, ist gemeint. Niemand sonst kann für uns einstehen, es sei denn der göttliche Erlöser, wie die christliche Botschaft verkündet. Aber auch hier ist die persönliche Entscheidung unumgängliche Voraussetzung. Es ging um ihn ganz allein, nur ihn, niemanden sonst. Sprechen wir von Versöhnung und innerem Frieden, so meint dies zuallererst mich, keine andere Person.

Die Weisheit der Sprache

Für alles, was in uns vorgeht, hat die Sprache eine Ausdrucksform gefunden. Die großen Themen der Menschheit spiegeln sich in ihren Worten. Im Wort ›sühnen‹ ist Folgendes enthalten: ›eine Änderung vollziehen‹, ›umtauschen‹, ›miteinander vertauschen‹. Im Hebräischen bedeutet das Wort ›kippär‹ zu-

decken und auch abwischen, das zugehörige Hauptwort ›Lösegeld‹. Das heißt, dass die durch eigene Schuld erwachsene Verpflichtung beseitigt und durch eine Ersatzgabe, auch ein Opfer, aufgehoben wird. Der Grundgedanke ist also, dass Schuld entsteht und wieder ausgeglichen, abgewischt werden kann. Schon hier lautet die Frage: Wie werde ich an mir selbst schuldig, sodass Versöhnung angesagt ist, und wie kann diese Schuld wieder getilgt werden?
Im Wort ›Sühne‹ steckt neben ›ausgleichen‹ im Althochdeutschen auch ›richten‹, das wiederum auf ›gerade‹ und ›aufrecht‹ hinweist und später im Lateinischen zu ›lenken‹ wird. In unserem eigenen Erleben folgen wir oft diesen alten, bis in die vornordische, altiranische und indogermanische Sprache zurückgehenden Bedeutungen, wenn wir sagen, dass wir vor uns selbst oder dem anderen geradestehen möchten. Wir fühlen uns unwohl, solange wir keinen Ersatz geleistet, keinen Tausch vollzogen haben, indem wir etwas geben und die Vergebung dafür erhalten, die dann zur Versöhnung führt.

Der Altar des Friedens

Die Grundbedeutung all dieser vielen Einzelwörter in allen alten Sprachen ist nach Ansicht der Sprachwissenschaftler ›still machen‹. Auch das kennen wir nur zu gut aus unserem eigenen Erleben: Erst wenn wir mit uns versöhnt sind, finden wir Frieden, wird unser unruhiges Herz und Gewissen wieder still. Wir kommen zur Ruhe. So ist es kein Wunder, dass Ruhe und Frieden in unserem Erleben zusammengehören. Auch auf vielen Grabsteinen lesen wir, dass dort ein Mensch in Frieden ruht. Aber die Voraussetzung ist die Versöhnung. Wir müssen festhalten: Es gibt keinen inneren Frieden ohne Versöhnung, sei es nun die Versöhnung mit Gott oder mit uns selbst, unserem eigenen Gewissen, dem Seismografen für alles, was in dieser Hin-

sicht in unserem Leben noch offengeblieben, wo noch kein Ausgleich geschehen ist. Und natürlich die Versöhnung mit unseren Eltern.
In den alten Kulturen wurden die großen menschlichen Themen in Göttergestalten dargestellt. In der modernen Psychologie sprechen wir von Archetypen, von allgemein menschlichen Erlebnismöglichkeiten, die sich in dieser oder jener Form in jedem individuellen Leben darstellen. Sie gehören zu unserer Grundausstattung. Deshalb ist auch jedem Menschen das Bedürfnis nach Recht und Versöhnung wichtig, manche Schuld quält ein Leben lang, wenn kein Ausgleich geschieht, keine Wiedergutmachung, wie wir auch sagen.
Aber auch hier schon wieder die Frage: Was habe ich an mir selbst wiedergutzumachen, was bin ich mir immer noch, vielleicht mein Leben lang schuldig geblieben, nicht nur meinen Nächsten, meinen Eltern? In der modernen Familienforschung und -therapie spricht man vom ›Prinzip der ausgleichenden Gerechtigkeit‹, das die Familienbeziehungen, oft den Einzelnen völlig unbewusst, prägt und ihre Handlungen und Haltungen motiviert. Das gilt auch für die Dynamik in der eigenen Person. Auch hier können sich falsche Einstellungen in Form von Krankheiten rächen, die erst heilen, wenn wir uns selbst wieder gerecht werden. Wir wissen alle, dass wir um dieses ›sich selbst gerecht werden müssen‹ nicht herumkommen. Auch diese Gerechtigkeit führt über den Weg der Versöhnung zum inneren Frieden.
So gibt es wohl zwei grundsätzliche Formen und Wege zur Versöhnung: den Weg der Versöhnung mit Gott und den Weg der Versöhnung mit mir selbst. Wahrscheinlich ist letzterer eine gute Vorübung für den ersten oder auch umgekehrt. Mit einem sollten wir in jedem Fall um unseres inneren Friedens willen beginnen und ihn üben. Griechen und Römer errichteten der Göttin des Friedens, Eirene und Pax genannt, Tempel, in denen sie ihr opferten. Kaiser Augustus, den wir aus der Weihnachtsgeschichte kennen, errichtete den Ara Pacis, den Altar

des Friedens. Auf ihm wurde der Göttin geopfert. Die innere Verbindung ist konsequent: Aus dem tiefen, archetypischen Bedürfnis nach Frieden entstand die Göttin und ihr Altar. Das regelmäßige Opfer erinnerte die Menschen an die Notwendigkeit, diesem wichtigen Lebensbereich – gibt es einen wichtigeren? – ihre Gabe, ihr Opfer darzubringen. Auf uns heute übertragen: Welche Gabe bringen wir in uns selbst und in unseren Familien, Betrieben, Kirchen der Göttin ›Frieden‹ dar?

Großer Lohn des Opfers

Kein Weg, für den wir sinnvolle Opfer bringen, bleibt ohne Wirkung und Lohn. Das Opfer für den Frieden, für dieses als Göttin konkretisierte, verehrte und tiefe Bedürfnis in uns, wurde in der griechisch-römischen Kultur mit folgenden Tugenden verbunden: Tüchtigkeit, auch verbunden mit Kraft und Energie, Ehre, Eintracht, Sieg sowie allgemeines Gedeihen und Wohlfahrt, das in seiner Wortbedeutung auch dem Heil und Heilsein entspricht. Im Lateinischen heißt es ›salus‹ und wird heute noch im medizinisch-pharmazeutischen Bereich so verwendet. In einem Satz: Wenn wir über den Weg der Versöhnung mit uns selbst zum inneren Frieden gelangen, so ist das ein Sieg über unsere Angst und Trägheit, wir gewinnen Kraft und Energie, sind in Eintracht mit uns selbst, gedeihen gut und fühlen uns in unserem Leben wohl. Das entspricht unserer Würde und unseren Möglichkeiten als Mensch. Unsere Ehre ist wieder hergestellt, wir tun etwas, was wir uns selbst schuldig sind.
Der Weg scheint sich also zu lohnen, doch wie ist er zu gehen? Es lassen sich einige Schritte beschreiben, die allerdings Bereitschaft und Übung voraussetzen. Im Prinzip geht es immer um Erkenntnis, Bewusstwerdung und Einsicht auf der einen sowie

Einübung und Tat auf der anderen Seite. Zu beidem haben wir gute persönliche Voraussetzungen, wir müssen sie nur entwickeln und nutzen.

Selbstbetrachtung und Selbstreflexion

Das schon erwähnte Zweipersonenstück heißt, dass ich mir zunächst einmal selbst gegenübertrete. Der Mensch ist sicher das Lebewesen mit der am weitesten entwickelten Fähigkeit zur Selbstbetrachtung und Selbstreflexion. Das Wort ›Selbstbetrachtung‹ ist hier ganz sachlich und funktional zu verstehen: Ich muss erst einmal bereit sein, mich anzuschauen, zu sehen, wie ich handle, und letztlich, wer ich bin. Die Frage, »Wer bin ich?«, eröffnet eine weitreichende Sichtweise, die in viele Meditationsformen Eingang gefunden hat. Es geht darum, den so wichtigen, ja grundlegenden Prozess der Selbstbeobachtung und Selbstreflexion anzuregen, ein Prozess, der uns tagtäglich begleiten kann und soll.
Das klingt zunächst sicher befremdlich. Ich kann doch nicht den ganzen Tag über mich nachdenken. In diesem herkömmlich verstandenen Sinn sicher nicht, das würde uns nur verunsichern, vor allem wenn das Nachdenken sich in der Frage erschöpft: »Mache ich es so richtig oder falsch?« Diese bange Frage quält viele Menschen und hindert sie am Handeln und an ihrer inneren Weiterentwicklung. Nur nichts falsch machen. Schon eine kleine Geburtstagsrede auf ein Familienmitglied zu halten, löst bei den meisten Angst und Schrecken aus. ›Das könnte ich nie‹, heißt es. Warum? Es könnte ja falsch an- oder rauskommen oder falsch verstanden werden, nicht so gut sein, wie es sein müsste usw.
Hier wird schon eines deutlich: Es geht darum, anzuschauen ohne zu bewerten, einfach hinschauen, mir selbst zuschauen und mir bewusst machen, was ich tue und wie. Bin ich langsam

oder schnell, fälle ich gern Entscheidungen oder vermeide ich sie, riskiere ich etwas oder gerade nicht? Wer bin ich im täglichen Leben, in meinen verschiedenen Rollen in Familie und Beruf?

Auch für Paare eröffnet sich hier ein weites Feld der Selbsterkenntnis. Diese zu fördern, ist sicher ein Sinnmoment jeder Freundschaft und Ehe. Meist bleibt dieser Weg jedoch versperrt, weil die Mitteilung an den Partner und die Partnerin in vorwurfsvoller Form geschieht, oder, wenn so nicht gemeint, entsprechend aufgefasst wird. Wir hören dann nicht mehr auf das, was uns gesagt wird, sondern beginnen uns zu rechtfertigen und den anderen dann zu beschuldigen. Die Mitteilung: »Du räumst nie deine Sachen auf«, kann ich als Information nehmen und Antwort auf meine Frage »Wer bin ich?« oder als Vorwurf, den ich im Gegenzug mit einem anderen Vorwurf beantworte: »Und du lässt immer die Zahnpastatube offen liegen.«

Das Beispiel ist banal, aber wenn wir genau hinschauen und wirklich wissen wollen, wie wir uns verhalten, finden wir genügend Entsprechungen in unserem Alltag. Leider erschöpft sich in vielen Beziehungen das Miteinander in solchen Vorwürfen und endet dann im Schweigen. Man hat sich scheinbar nichts mehr zu sagen, und doch gäbe es so manches, was wir uns mitteilen könnten und möchten, wenn wir nur im Sinne des Uns-selbst-Kennenlernens hinhören, weiterfragen und derart von Selbsterkenntnis zu Selbsterkenntnis kommen wollten. Denn wenn ich lerne, in kleinen Alltagsdingen achtsam zu sein, bin ich mehr mit mir zufrieden, fühle mich wohler, komme einen Schritt weiter, mache weniger Fehler usw. Im Grunde weiß ich ja, dass mein Verhalten so nicht in Ordnung ist. Die Voraussetzung hierzu ist, es wirklich zu wollen, in der Selbsterkenntnis den ersten Schritt zur Besserung zu sehen.

Etwas theoretischer formuliert heißt das: Wir sind uns immer zwei Mal gegeben, ich stehe auch immer mir selbst gegenüber. Das kann freundlich und wohlwollend oder kritisch und feindlich sein. Dieser Selbst-Bezug ist die Grundlage jeder Arbeit an sich selbst. In mir, in meinem Herzen, meinem Geist geschehen die entscheidenden Dinge. Jeder Krieg beginnt in den Köpfen der Menschen. Wir müssen also bei uns selbst beginnen, die Wahrheit über uns selbst herausfinden. Diese Wahrheit macht uns frei, wie es auch im Neuen Testament heißt. Wenn ich mir selbst gegenüberstehe, mich so vorurteilsfrei wie möglich anschaue, was sehe und erkenne ich dann? Wir befinden uns hier eigentlich immer im Widerspruch zu uns selbst. Einerseits sagt man, jeder denkt nur an sich und ist sich selbst der Nächste, schaut man dann aber genauer hin, so sind wir uns so fremd wie irgendjemandem sonst. Warum mögen wir nicht hinschauen, uns einmal wirklich näherkommen? Ist das so gefährlich?

Meine persönliche Lerngeschichte

Wir haben alle eine lange persönliche Lerngeschichte hinter uns. Tausende Male haben wir gehört und erlebt, dass wir so, wie wir sind, nicht recht waren. Wir waren und sind zu zappelig, zu laut, zu vorlaut, zu faul, zu ängstlich, zu dumm, zu träge usw. Sätze wie, »Aus dir wird nie etwas« oder »Du mit deinen zwei linken Händen, gib her, da mache ich es lieber selbst«, haben viele von uns gehört. So wurde ein tiefes Misstrauen uns selbst gegenüber begründet. Wir meinen, aus uns selbst kann doch nichts Gescheites kommen. Es ist besser, wir richten uns nach den anderen und fragen die Leute, was richtig und falsch ist. Aber dann hören wir wieder, dass man es doch keinem recht machen kann. Ebenfalls hörten wir bei so vielen, eigentlich belanglosen Kleinigkeiten die strenge Frage: Was sollen die Leute, die Nachbarn hierzu sagen – oder der Papa, wenn er heimkommt? Oder der Weihnachtsmann?, und was es dergleichen ängstigende Drohungen mehr gibt. Ist es da verwunderlich, dass wir uns dermaßen verunsichert nach der Meinung der

Leute erkundigen und oft ständig darüber nachdenken und fantasieren, was der eine und andere wohl denkt – natürlich über uns? Also was tun?

Der Weg zu mir

Wir haben keine Wahl: Wir müssen mit dem Menschen leben, der wir sind, wir können uns nicht austauschen, nicht werden wie ein anderer. Also müssen wir uns zunächst einmal damit aussöhnen, dass wir so und nicht anders sind. Das ist ein wichtiger Schritt zum inneren Frieden. Und wenn wir die Erfahrungen der psychotherapeutischen Praxis zurate ziehen, ist dieser Schritt unumgänglich für jeden Heilungsprozess. Kein lebendes Wesen, Tier und Pflanze eingeschlossen, kann in einem feindlichen, negativen Klima wachsen und gedeihen. Doch ein solches Klima herrscht oft in unserem Inneren, in unserer Seele.
So und nicht anders zu sein heißt nicht, dass ich alles an mir gut finden muss. Es heißt nur, erst einmal hinschauen, kennenlernen und annehmen, es ist, wie es ist, so und nicht anders. Und so ist es gut. Diese Feststellung ist sehr wichtig. Und es heißt noch ein bisschen mehr: hinschauen mit einer freundlichen, wohlwollenden Einstellung diesem lebenden Wesen gegenüber, das ich nun einmal bin. Im Gleichnis vom Guten Hirten sucht dieser das eine, verloren gegangene Schaf, um es zur Herde zurückzubringen. Auf uns bezogen zeigt dies: Ich muss mir selbst ein guter Hirte sein, der sich um das kümmert, was seinen Ort, seine innere Ordnung noch nicht gefunden hat. Ich sollte mir jeden Abend die Frage stellen: War ich mir heute ein gute Hirte?
Um den Weg der Selbsterkenntnis zu gehen, der allein zur Versöhnung mit mir führt, braucht es Regelmäßigkeit und innere Disziplin. Die Kirche hat das auch immer gewusst, indem sie uns das tägliche Abendgebet, die morgendliche Losung, die re-

gelmäßige Selbstprüfung oder Beichte empfahl. Leider sind das recht strenge, für den viel beschäftigten Menschen von heute kaum erfüllbare Forderungen geworden, von denen wir uns abwenden, sie sind keine Anleitungen zum inneren Weg geblieben. So stehen wir, trotz unserer Kirchen und ihrer Weisheit, oft ohne innere Führung da.

Wir haben die Angst, nicht zu genügen, verinnerlicht und nicht das Wissen um den Weg und die freundliche Begleitung unserer selbst auf diesem Weg. Viele haben sich von der Beichte abgewendet, weil sie die ständige Kritik nicht ertragen, es nicht aushalten können, immer wieder daran erinnert zu werden, wie schlecht sie sich im Grunde ihres Herzens fühlen. Das ist leider auch bei evangelischen oder freikirchlich organisierten Christen nicht anders. Überall lauert die Sünde und der Satan. Auch wenn es so sein sollte, dass ich mich in der einen oder anderen Weise schuldig gemacht habe, ist die Angst kein Weg, die Drohung auf Dauer unwirksam. Im Lauf der Zeit höre ich nicht mehr hin. Nicht, weil mein Herz verstockt wäre, sondern weil ich hier keinen Weg zur Befreiung sehe. Dies ist sicher ein Grund, warum viele moderne Menschen ihr Heil in anderen Religionsformen suchen, seien sie östlicher oder indianischer Kultur.

Stellen wir dem das mächtige Christuswort: »Kommet her zu mir alle, die ihr mühselig und beladen seid, ich will euch Ruhe geben« gegenüber, so sind darin andere Töne zu hören. Wir beziehen es wieder auf den Weg der inneren Versöhnung mit mir selbst: Wage ich es, mich mühselig und beladen zu fühlen, fange ich mich freundlich und liebevoll auf? Weiß ich überhaupt noch, was es heißt, freundlich zu mir selbst zu sein?

Freundlich zu mir selbst

In vielen Situationen, beispielsweise nach harter Arbeit oder einer schwierigen Lebensphase wollen wir uns einmal etwas Gutes tun. Was ist das? Viele nehmen sich am Abend einen kleinen Sherry oder ein Gläschen Wein, wie wir gern verniedlichend sagen, oder wir gehen schön miteinander essen oder kaufen uns etwas, was wir schon lange gerne haben möchten. Dagegen ist nichts zu sagen. Die Beispiele sollen nur zeigen, dass sich der freundliche Umgang mit uns selbst meist in äußeren Handlungen erschöpft. Was heißt es aber auf der inneren, der psychischen Seite gut zu sich zu sein? Wie gehe ich mit mir um, wenn ich einen Fehler gemacht, vielleicht schon zum wievielten Male immer wieder in derselben Weise reagiert habe, obwohl ich dies so nicht mehr wollte?
Hier ist der Punkt, an dem ich mir sagen kann: So ist es zurzeit und nicht anders. Will ich es ändern? Wenn ja, was ist der erste kleine Schritt auf diesem Weg? Veränderungen des persönlichen Verhaltens gelingen nur in ganz kleinen Schritten. Mit großen Schritten überfordern wir uns, denn was wir ändern wollen, sind meist seit Langem eingefahrene Verhaltensweisen aus meiner persönlichen Lerngeschichte, für die ich zunächst nicht verantwortlich war. Verantwortlich bin ich jedoch von dem Zeitpunkt an, an dem mir diese Situation klar wird. Meine Eltern oder andere Bezugspersonen mögen an meinen Missgeschicken nicht schuldig sein, aber sie haben, leider, an meinem heutigen Zustand entscheidend mitgewirkt.

Ursachen

Eine zentrale Aussage in der buddhistischen Philosophie lautet: »Dieses ist, weil jenes ist.« Und in der Bibel heißt es: »Was der Mensch sät, das wird er ernten.« Wir sprechen heute von

Wechselwirkungen. Dies ist auch eine viel passendere Überlegung bei der Suche nach den Ursachen meines jetzigen, von mir nicht länger gebilligten Verhaltens meiner selbst: Es ist aus vielfältigen Wechselwirkungen in meiner Lebensgeschichte hervorgegangen, kann aber verändert und neu gestaltet werden. Nehmen wir als Beispiel die Angst vor den Mitmenschen, die wir bis in die intimsten Beziehungen hinein spüren können: Der Satz, dass aus mir nichts wird, kann heute nicht mehr gelten, denn aus mir ist etwas geworden. Vielleicht nicht das, was meine Eltern sich einst vorgestellt hatten, doch das, wodurch ich mir meine finanzielle Lebensgrundlage geschaffen habe. Wenn dieser Satz aus meiner Vergangenheit dennoch wie mit ehernen Buchstaben in meiner Seele eingebrannt steht, blockiere ich mich durch ihn heute selbst. »Einen Vogel, der am Morgen singt, frisst am Abend die Katz« und »Wenn es dem Esel zu gut geht, tanzt er auf dem Eis«. Solche Sätze hemmen oder unterbinden wichtige Seiten und Fähigkeiten meiner Persönlichkeit, die mir ermöglichen, selbstständig zu handeln oder spontan und fröhlich zu sein. Vielleicht anders als meine Eltern oder auch meine Partnerin und mein Partner es sich vorgestellt haben. Doch sie sind wesentliche Energien meines Lebens. Ein anderes Beispiel: Manche Frauen sagen: »Vor meiner Ehe war ich heiter und unbeschwert, jetzt bin ich eher ängstlich und depressiv.« Das kann natürlich einmal an den Eigenarten des Partners liegen, aber mehr noch daran, dass ich es mir nicht zutraue, mir selbst, meinem ursprünglichen Wesen treu zu bleiben. Das geht manchmal so weit, dass ich wesentliche Fähigkeiten eher als Nachteil sehe und damit zu hadern beginne. Ich werde mein eigener Gegner und gehe den Weg des inneren Unfriedens, nicht selten bis hin zur seelischen Erschöpfung oder körperlichen Krankheiten. Von einer Versöhnung mit mir bin ich dann weit entfernt und entsprechend unglücklich.
Wir kommen nicht umhin, sorgfältig nach den Ursachen der Wechselwirkungen in unserer Lebensgeschichte zu forschen, dürfen auch nicht zögern, schwierige oder gar krankhafte Cha-

rakterzüge unserer Eltern klar zu sehen und in ihren entsprechenden Auswirkungen auf uns festzustellen. Hier kann es leicht zu früh sein, auf das schwere Schicksal der Eltern hinzuweisen, um uns nicht ehrlich mit den negativen Gefühlen ihnen gegenüber konfrontieren zu müssen, obwohl sie berechtigterweise von innen andrängen.

Meine Wut

Wut, auch wenn sie sich zunächst gegen meine Eltern oder frühen Bezugspersonen richtet, ist immer die Energie, die ich brauche und die mir mein Organismus zur Verfügung stellt, um bedrängende Situationen zu verändern. Sie ist die Kraft, die erforderlich ist, um meine diesbezügliche Trägheit und Angst zu überwinden. Habe ich den neuen Weg einmal eingeschlagen, vergeht sie von selbst und ich sehe auch das Leid meiner Nächsten. Doch das ist bereits der zweite Schritt.

Hier wollen wir noch einmal besonders betonen, dass der Frieden mit meinen Nächsten beim Frieden und der Versöhnung mit mir beginnt. Auf die eben genannte Wut bezogen: sie anschauen, ihren Sinn verstehen, nicht kritisieren, dass sie da ist, denn sie gehört dazu und leistet mir wichtigen Dienst für meine Autonomie. Aber in der Wut zu verharren, immer wieder neu wütend zu sein, ist ein sicheres Zeichen dafür, ihren Sinn noch nicht verstanden zu haben, sondern gewissermaßen von meinem inneren Wissen – von der inneren Weisheit – daran erinnert zu werden. Hier liegt noch eine Aufgabe vor mir, zu der ich diese Kraft brauche.

Noch etwas ist zu bedenken: Meine Wut richtet sich meist gegen jemanden; wenn nicht gegen mich selbst, dann gegen eine andere Person. Ich fühle mich von ihr behindert, klage sie an und bin entsprechend aufgebracht. Dabei aber stehen zu bleiben heißt, den Signalcharakter der Wut zu übersehen. Woran werde ich gehindert, hindere ich mich selbst? Was möchte und müsste ich eigentlich tun? Und warum tue ich es nicht oder immer noch nicht, obwohl ich schon längst weiß, dass es dran wäre? An dieser Stelle muss ich ansetzen, hier weitergehen und die entsprechenden Schritte tun.

Die Wut überdeckt oft meine Angst, das Notwendige zu unternehmen. Es könnte ja riskant sein und andere Probleme mit sich bringen. Aber jeder Schritt, der mich weiterführt, leitet mich zunächst in unbekanntes Land. Gehe ich ihn nicht, bleibe ich eben stehen. Vielleicht sage ich dann auch wie so mancher gegen Mitte oder Ende seines Lebens: War das alles? So weit brauchen wir es nicht kommen zu lassen. Aber der Weg führt über hinschauen, nicht bewerten, verstehen, verändern. Das ist weitgehend gleichbedeutend mit Versöhnung und innerem Frieden.

»Was der Mensch sät, das wird er ernten«, sagt Christus. Eine harte, aber klare und wegweisende Aussage. Sie gilt für jeden Tag, jeden Augenblick des Tages und erst recht für unser Leben als Ganzes, das wiederum aus diesen vielen Tausenden von kleinen alltäglichen Schritten besteht. Jeder Gedanke beeinflusst den nächsten Gedanken, mein nächstes Wort, meine Tat und mein Handeln. Dieser Satz hat überhaupt nichts mit Moral zu tun, er beschreibt nur eine unübersehbare Tatsache unseres Lebens, die wir aber nicht so gern zur Kenntnis nehmen. In den östlichen Religionen hat sich diese Tatsache in der Idee des Karmas konkretisiert. Dieses ist, weil jenes ist. So ist alles miteinander verbunden, auch in unserer Seele.

Und wenn wir mit dieser unumgänglichen Tatsache fertig werden und sie wirklich ernst nehmen wollen, brauchen wir die ständige Versöhnung mit uns selbst, weil wir sonst ängstlich in der Selbstkritik oder gar Selbstdestruktion stecken bleiben und gar nichts mehr verändern. Dann ist unser Weg zu Ende und wir können uns fragen, wie und ob wir mit den uns vertrauten Pfunden gewuchert oder sie ängstlich vergraben haben, weil wir uns etwaige Fehler nicht verzeihen wollten und unser Leben

nur von Angst geprägt war. Die Bereitschaft zur Versöhnung und damit zum Frieden mit uns selbst befreit uns von dieser Angst, die uns unser Leben verpassen lässt.
Die genaue Betrachtung des Vierten Gebotes ist eine wichtige und letztlich das Leben bejahende Leitlinie auf dem Weg zum inneren Frieden, zum Frieden mit sich selbst. Es ist sicher nicht einfach, das zu vergeben, was mir – von wem auch immer – angetan wurde. Waren es die Eltern, die mir Leid zugefügt haben, ist das Vergeben jedoch noch schwerer. Weil sie eben nicht irgendwelche Personen sind, sondern ganz besondere, ganz wichtige, mir ganz, ganz nahestehende. Und gerade von diesen Menschen habe ich nie und nimmer erwartet, dass sie mich leiden lassen oder mich auch nur ärgern. Ihnen habe ich nämlich ganz und gar vertraut. Von jedem anderen Menschen kann ich hinnehmen, dass er nicht vollkommen ist, doch von meinen Eltern habe ich, wenn wahrscheinlich nicht bewusst, doch auf einer tieferen Ebene absolut erwartet, dass sie fehlerfrei und durch und durch integer sind. Die Eltern haben für das Kind wie Gott zu sein. Sonst kann es sich nicht vollkommen vertrauensvoll ins Leben einlassen, muss immer auf der Hut sein. Doch so kann es nicht wachsen, sich nicht entwickeln. Realistisch betrachtet, ist es nicht zu vermeiden, dass wir aneinander schuldig werden, aber wir sind zum Glück auch in der Lage, einander zu vergeben. Und so kann sich die Liebe sowohl zu unseren Eltern als auch zu uns selbst stabilisieren. Wir dürfen auch uns selbst vergeben, dass wir nicht vollkommen sind, Fehler begehen, uns täuschen, Notlösungen suchen, Notlügen erfinden, um das Leben erträglich zu gestalten. Unsere Eltern sind nicht besser als wir, wenn wir das als kleine Kinder auch gerne geglaubt haben. Aber wir sind auch nicht besser als sie. Wenn wir selbst Eltern sind, dann haben wir dies bereits leidvoll erfahren. Oder welche Mutter, welcher Vater hat nicht schon manchmal inbrünstig gewünscht, sie oder er hätte sich in dieser oder jener Situation seinem Kind gegenüber anders, besser, einsichtiger, verständnisvoller gezeigt und danach gehandelt?

Weil ich dich liebe, muss ich mich lieben, denn sonst kann ich dich nicht wirklich lieben. Die Liebe fängt immer nur im eigenen Herzen an. Dort ist ihre Heimstatt, dort ist sie von Anfang an eingelagert. Wenn wir sie nicht von dort, aus dem Zentrum unseres Seins beziehen, können wir sie nicht in die Welt schicken, weder zu den Eltern noch zu anderen Menschen. Und auch wir selbst bleiben von ihr abgetrennt. So heißt die gute, die einzige Lösung: die Mitte des eigenen Herzens öffnen. Dann ist alles da, alles leicht. Die Eltern zu ehren, ist dann keine Frage mehr, auch keine Forderung. Dann können wir im Grunde das Vierte Gebot vergessen, alle Gebote können wir dann vergessen, ja, wir können uns selbst vergessen, weil dann nur eines regiert und uns leitet, wohin und zu wem auch immer: die Liebe – zur Liebe.

Doch so weit sind wir noch nicht. Wir stecken noch mittendrin in der Auseinandersetzung mit den Forderungen, die wir an uns gestellt sehen. Wir sehen noch nicht ein, warum wir ein Gebot, das auf Einseitigkeit angelegt ist, befolgen sollen. Wir – die Kinder – sollen die Eltern ehren. Und die Eltern? Wäre es nicht nur recht und billig, wenn auch von ihnen Ehrerbietung verlangt würde – ihren Kindern gegenüber? Kann eine Gesellschaft auf friedliche Weise funktionieren, in der immer nur die eine Seite nachgiebig, verständnisvoll und schuldbewusst sein soll, während die andere lustvoll ihre, sich selbst zugestandene, Macht über die ›Kleinen‹ ausübt?

Wege zur Autonomie – mir selbst eine gute Mutter, ein guter Vater sein

›Ehre deinen Vater und deine Mutter ...‹ ›Habe Ehrfurcht vor deiner Mutter und deinem Vater ...‹ – Wie kann das gehen, wenn das Elternhaus vielleicht gar nicht zu ehren war, wenn nicht Ehrfurcht, sondern Angst und Entsetzen, Schmerz und Verzweiflung die Jahre der Kindheit bestimmt haben? Oder auch nur, wenn einem die Eltern gleichgültig geworden sind, weil sie sich nie recht um die Anliegen der Kinder gekümmert haben, oder wenn sie einem lästig sind, weil sie vor allem Ansprüche gestellt oder Vorwürfe gemacht haben? Gefühle, die über viele Jahre hinweg entstanden sind, kann man nicht so einfach wegwischen, man kann nicht so tun, als wären sie nicht da. Dass es auf Dauer krank macht, wenn man seine Gefühle verdrängt, wissen inzwischen die meisten Menschen. Also wie stelle ich es an, ehrfürchtig mit meinen Eltern umzugehen oder mit Dankbarkeit und Liebe ihr Andenken zu bewahren? Gibt es vielleicht ein Geheimrezept? Denn dass es mir sicher guttut und besser geht, wenn kein Groll, keine Gleichgültigkeit gegen meine Eltern in mir ist, weiß ich wohl. Deshalb möchte ich diesem Gebot auch gerne folgen – wenn ich nur wüsste, wie ich es anstellen könnte. So oder ähnlich mögen manche Leserinnen und Leser denken, die sich mit diesem Thema beschäftigen. Was können wir ihnen vermitteln?

Zuerst einmal mag es hilfreich sein, die Urfassung der biblischen Zehn Gebote zu kennen. Wir hatten das Glück, sie im Gespräch mit gläubigen Juden ein wenig besser zu verstehen.

Das Fünfte Gebot

In der Urfassung ist das Gebot, das der Beziehung zu den Eltern gilt, nicht das vierte, sondern das fünfte. Die ersten vier Gebote regeln die Beziehung zwischen den Menschen und Gott, das fünfte Gebot, die des Menschen mit seinen Eltern und die restlichen Gebote regeln die Beziehung des Menschen zu anderen Menschen. Das heißt, das fünfte, weil mittlere Gebot wirkt wie ein Scharnier, eine Schaltstelle zwischen den Geboten, die Gott, und denen, die den Nächsten betreffen. Das Gebot, das die Beziehung zu den Eltern regelt, steht demnach zwischen Gott und den anderen. In ihm ist also sowohl das Göttliche als auch das Menschliche enthalten. So gesehen kommt den Eltern eine große Bedeutung zu, stehen sie doch zwischen Gott und den Mitmenschen. Dieses Gebot ist darüber hinaus das einzige, das etwas verspricht, wenn es eingehalten wird: ›... damit du lange lebest ...‹ Ist damit gemeint, dass Menschen, die ihren Vater und ihre Mutter ehren, möglichst alt werden? Auch mit verschiedenen Zipperleins, Altersdemenz oder Alzheimer-Erkrankung? Wäre einfach nur sehr alt werden wirklich wünschenswert? Sollen wir deshalb unsere Eltern ehren? Da mag manch einer sagen: ›Nein, danke! Nicht aus diesem Grund will ich Vater und Mutter ehren. Wenn ich es nicht umsonst machen soll – (was natürlich das Schönste wäre) – dann nicht, um den Rest meines Lebens halb oder ganz blind, taub und gehbehindert auf irgendeiner Pflegestation zu verbringen.‹ Was mag Gott sich dabei gedacht haben, solch ein langes Leben als Lohn für eine gute Tat zu versprechen? Denn dass ein langes Leben in den meisten Fällen mit allerlei Gebrechen einhergeht, ist eine nicht zu verleugnende Tatsache. Das

war früher bei dem Wüstenvolk nicht anders, wahrscheinlich sogar noch gravierender, denn diese Menschen hatten viele Strapazen zu überstehen.
Allerdings ist im Alten Testament immer wieder von Menschen die Rede, die außergewöhnlich alt geworden und in einem, für unsere heutigen Verhältnisse, unwahrscheinlich hohen Alter noch Kinder gezeugt oder geboren haben. Wir sollten deshalb das Altwerden, wie es in der Bibel geschrieben steht, nicht allzu wörtlich nehmen. Was steht dem entgegen, wenn wir annehmen, dass mit dem Altwerden Autonomwerden gemeint ist?

Der Schritt in die Freiheit

In allen psychotherapeutischen Verfahren wird der Autonomie ein hoher Stellenwert zugemessen. Sie ist letztlich das Leitziel jeder Psychoanalyse, Therapie oder Beratung. Das heißt: Mithilfe der verschiedenen Behandlungs- oder Gesprächstechniken gewinnt der Heil- oder Ratsuchende Einsichten in sein bisheriges Fühlen, Denken und Verhalten, sodass er sich freimachen kann von dem, was ihm früher seine Eltern und andere Erziehungspersonen gesagt und gezeigt haben, wozu sie ihn veranlasst, ihm eine bestimmte Sicht der Welt vermittelt haben. Wer diese Zusammenhänge erkennt, kann sich fortan selbst für sein eigenes Fühlen, Denken und Verhalten entscheiden, er ist frei bzw. autonom. Natürlich kann er sich – jetzt bewusst! – auch für das entscheiden, was ihm seine Eltern beigebracht haben.
Wir sind überzeugt, dass selbst von kaum nachvollziehbaren Grausamkeiten und Härten gekennzeichnete Beziehungen zwischen Kindern und ihren Eltern auf diese Weise, auf einer ›tieferen Stufe‹ geheilt werden können und dass so ein Weg zum inneren Frieden möglich ist. Diesen Frieden mit den eigenen Eltern zu finden, ist das Beste, was wir für uns selbst tun kön-

nen. Es bedarf einer in uns entwickelten Fähigkeit zur Autonomie, um diese Schritte zu gehen und uns von den negativen affektiven Konstellationen zu befreien.
Viele Menschen verharren in einem Autonomie-Abhängigkeits-Konflikt, der bei den meisten seelischen Erkrankungen eine zentrale Rolle spielt und die Persönlichkeitsentwicklung ein Leben lang überschatten kann. Über das Erlangen der Autonomie ist es möglich, sich aus diesem inneren Gefängnis, in dem wir oft viel zu lange verharren, zu befreien. Die Bereitschaft zur Autonomie ist allerdings die unabdingbare Voraussetzung für die innere und äußere Freiheit. Der Begriff ›Autonomie‹ kann schnell ausgesprochen werden, der Weg zu einer autonomen Haltung sich selbst und seiner Umgebung gegenüber bedarf jedoch immer mühsamer und oft langwieriger Übung. In vielen Kleinigkeiten des täglichen Lebens muss ich mir die Frage stellen, was will ich jetzt? Was will dieser Mensch, der ich bin, in dieser Situation? Meistens ist es der ängstliche Verzicht auf autonome Handlungen und Gedanken, der zu Verwicklungen führt, die oft schwierig wieder aufzulösen sind. Ein autonomer Weg ist aber ein ehrlicher Weg, auch wenn er gelegentlich mit Umwegen verbunden ist. Die Schwierigkeit besteht meistens darin, dass wir in der Regel von Menschen umgeben sind, die es auch nicht oder noch nicht wagen, autonom zu denken und autonom zu entscheiden. In den großen moralischen und geistigen Systemen, die uns von unseren Familien übermittelt werden, eingebunden zu bleiben, garantiert eben auch, dass ich nicht von vielerlei Ängsten heimgesucht werde, die sich sofort aktualisieren, wenn ich eigene Entscheidungen treffe und entsprechend handele. Ob ich es will oder nicht, ich trete damit aus diesen großen Schutzsystemen heraus. Es mag zunächst widersprüchlich erscheinen, dass die Bereitschaft zur Autonomie das Halten der Gebote erst wirklich und ehrlich ermöglicht und uns Freiheit erleben lässt, wo wir uns sonst nur ängstlich unter dem Druck und unter Strafandrohungen beugen.
So einfach das hier klingt, ist es natürlich nicht. Es bedarf schon

eines längeren, eingehenderen Prozesses, seine Autonomie zu gewinnen.
Bevor wir uns aber ein wenig ausführlicher mit dem Begriff der Autonomie beschäftigen, zeigen wir erst einmal auf, woran man einen autonomen Menschen erkennen kann. Er verfügt über drei bedeutungsvolle Bereiche:

1. Bewusstsein bzw. Bewusstheit

Diese beiden Worte sind nicht synonym zu gebrauchen. Bewusstheit über etwas zu haben, ist spezifischer, als im Bewusstsein von diesem und jenem zu sein. Bewusstheit kann nur aufgrund von Bewusstsein hergestellt werden, während Bewusstsein nicht auf Bewusstheit gründen kann. Das Bewusstsein ist also viel weiter gefasst als die Bewusstheit, die man auch als Achtsamkeit, Aufmerksamkeit bezeichnen kann. Auf dem Weg zur Autonomie braucht es jedenfalls beides.
Dass sehr viel im menschlichen ähnlich wie im tierischen Leben unbewusst verläuft, wird niemanden verwundern. Das Leben an und für sich läuft unbewusst ab, jeder biologische Organismus steuert sich selbst – ist also autonom. Denn diese einprogrammierten Prozesse können umso störungsfreier arbeiten, je weniger sie direkt zu beeinflussen sind. Wenn unser Herz nur auf bewusste Aufforderung hin schlagen würde, hätte die Menschheit nicht überlebt. Im Tanzunterricht machen viele die Erfahrung, dass das bewusste Gehen, bewusst den einen Fuß vor den anderen setzen, sie ins Stolpern bringen kann. Bei den meisten Menschen erfolgt die Alltagsroutine eher unbewusst. Alles, was sich eingespielt hat, läuft sozusagen von alleine, darauf muss man nicht mehr achten. Was das Leben sehr erleichtert. Wir alle wissen, wie schwierig es werden kann, wenn einmal ein besonderes Ereignis den normalen täglichen Ablauf ›stört‹. Doch es ist gerade die Aufgabe solch störender Begebenheiten, Bewusstsein zu schaffen. Wenn unser Augenmerk auf etwas Bestimmtes gelenkt wird, dann wird es überhaupt erst vom Bewusstsein aufgenommen. So hat im Wüsten-

volk der Israeliten die Gotteserscheinung ihres Führers Mose ein unauslöschliches Bewusstsein geschaffen. Etwas Ähnliches – natürlich in viel kleinerem, vor allem individuellen Umfang – vollzieht sich bei einer Erkenntnis, die jemand mithilfe von Psychotherapie oder Beratung gewinnen kann. Was so normal und unhinterfragbar erschien, worüber man sich vielleicht nie Gedanken gemacht hat, taucht plötzlich die ganze Situation in ein anderes Licht. »Ich dachte bisher, so wie meine Eltern mir die Welt geschildert haben, sei sie wirklich«, heißt es dann. Auf das, was das Elternhaus ihm vermittelt, stellt sich das Kind ein – es kennt ja zuerst nichts anderes. Und viele Erwachsene bleiben oft ihr Leben lang bei dem, was ihnen in ihrer Kindheit erzählt wurde. Es ist ja in der Regel nichts grundsätzlich Falsches oder gar Schlimmes, was Eltern ihre Kinder glauben lassen, es ist einfach ihr eigenes Lebens- und Weltverständnis. Schwierig wird es nur, wenn sie ihre Sichtweise als die einzige Wahrheit hinstellen. Denn auf dem Boden eines derartigen Absolutheitsanspruchs, »Ich weiß, was richtig ist!«, wachsen Intoleranz und Starrsinnigkeit. Die eigentliche Wahrheit jedoch ist relativ – im wahrsten Sinne des Wortes –, sie ist bezogen auf die jeweiligen Personen und Umstände. Deswegen ist es so wichtig, den eigenen Bezugsrahmen kennenzulernen, sich also damit zu beschäftigen, was mir über die Welt beigebracht wurde. Erst dann kann ich hinausgehen zu den anderen und kann sie fragen: »Wie seht ihr das?« Und wenn sie mir daraufhin etwas anderes antworten, als das, was ich erwartet habe, was nicht mit meinen Überzeugungen übereinstimmt, kann ich staunen und weiter fragen: »Oh, interessant! Erzähle mir doch noch mehr von dem, was du denkst, welche Erfahrungen du gemacht hast.« Dann entsteht eine Beziehung zwischen ihm und mir und die Welt wird relativ. Warum sollte es auch in der geistigen Welt anders zugehen als in der, die physikalisch zu messen und rechnen ist? Da doch Materie, Seele, Geist aus ein und derselben Schöpfung entstanden sind. Die Einstein'sche Relativitätstheorie stimmt nicht nur für den äußeren, sondern genauso für den inneren Weltraum.

Wenn jemand seine Sichtweise relativiert, verändern sich sofort seine Maßstäbe, sein Fühlen und Denken und daraus wiederum seine Handlungen. Doch das Schönste dabei ist: Er gewinnt aufgrund der Toleranz, zu der er fähig ist, eine Menge Freunde, ist gleichsam umgeben von Menschen, die nach einem wie ihm schon lange Ausschau gehalten haben. Die Freiheit, sich seine eigene Meinung zu bilden und gleichzeitig die Ansichten der anderen stehen zu lassen, sie zu tolerieren, führt in ganz natürlicher Weise zur

2. Spontaneität

Spontaneität ist nicht zu verwechseln mit Impulsivität. Der impulsive Mensch hat nicht gelernt, zwischen seinen Gefühlen und seinen Handlungen eine Grenze zu ziehen, er handelt unmittelbar nach dem, was er gerade fühlt – braust auf, wenn er sich ärgert, bricht in Tränen aus, wenn er traurig ist, lacht laut auf, wenn er sich freut usw. Er ist nicht oder nur mäßig in der Lage, sich selbst, das heißt sein Ausdrucksverhalten zu steuern. Kleine Kinder können das auch noch nicht, bei ihnen sind Fühlen, Denken und Handeln noch ganz miteinander verknüpft. Doch wenn das Kind heranreift zum Erwachsenen, muss es lernen, zwischen dem, was in ihm vorgeht, und dem, was es nach außen zeigt, eine ›Atempause‹ einzulegen. Man kann sich das auch wie einen Korridor vorstellen: Wenn der Innenraum verlassen wird, steht der Erwachsene auf einem Korridor, schließt die Türe zu seinem Innenraum hinter sich ab und öffnet die Türe zu dem, was er außen zeigt und sagt, zum Beispiel dass er sich ärgert, dass er traurig ist oder sich freut. Wobei dann die entsprechende Gefühlsfärbung auf seinem Gesicht erscheint, die bei Ärger, Trauer oder Freude jeweils anders aussieht.
Jetzt sind wir bereits bei der Spontaneität. Dieses kurze Innehalten auf dem Korridor zwischen Gefühlen, Gedanken und Verhalten charakterisiert den spontanen Menschen. Verlängert sich die Pause auf dem Korridor, gibt es ein merkliches Zögern des Verhaltens, wird vielleicht sogar gar nichts nach außen ge-

zeigt, setzt der Betreffende ein ›Pokerface‹ auf, wird man ihn als gehemmt oder gar starr in seinem Ausdruck beschreiben. Solchen Hemmungen liegt immer eine Angst zugrunde. »Ich weiß nicht, wie ich mich verhalten soll«, sagen diese Menschen und meinen: »Ich weiß nicht, wie ich mich richtig verhalte.« Sie sind in ihrer Kindheit oft für ihr Verhalten getadelt worden, weil die Eltern entweder ein braves, angepasstes Kind haben wollten oder weil ihnen die Impulsivität ihres Kindes – die in dem Alter ganz natürlich und normal ist – zu ungestüm und damit zu anstrengend war. »Denke nach, bevor du redest«, gebietet zum Beispiel ein strenger Vater seiner vierjährigen Tochter. Da ihr Denken aber noch nicht dem ihres Vaters entspricht, macht sie die Erfahrung, dass jedes Mal, wenn sie etwas sagt, Unsinn herauskommt – nach Auffassung des Vaters. Sie gewöhnt sich daraufhin an, ihren Mund zu halten, und tut dies auch noch als erwachsene Frau bei gesellschaftlichen Anlässen. Sie hat sich also zu dem sprichwörtlich ›grauen Mäuschen ohne eigene Meinung‹ entwickelt. Auch wenn Eltern nicht vertragen können, dass ihr Kind seine jeweiligen Gefühle zeigt, erscheint dieser Erwachsene später steif und ungerührt, wird meist als arrogant beurteilt.

Ganz anders wird der Mensch erlebt, dem erlaubt wurde, seinem Alter und seinen Lebenserfahrungen gemäß heranzuwachsen. Diesen Menschen umgibt, sobald er den Korridor zwischen seiner inneren und äußeren Welt betritt, ein Gefühl von Sicherheit. Es ist, als hätte sein Korridor einen Schacht, der nach unten zum Unbewussten hinreicht. Dort, im Bereich der kollektiven Menschheitserfahrungen, die in jedem Menschen gespeichert sind – die Neurobiologen sagen im ›limbischen System‹ des Gehirns –, gibt es für jedes Gefühl, jeden Gedanken eine, der jeweiligen Situation entsprechend genau zugeschnittene Handlungsanweisung. Denn der Speicher, in dem alle inneren und äußeren Erfahrungen der Menschheitsgeschichte gesammelt sind, ist voll von unendlichem Reichtum. Die Frage ist nur, ob sich die jeweilige Person traut, da hineinzufassen. Die Frage ist nicht, ob sie das Richtige erwischt, denn das liegt immer bereit, genau da, wo es gerade gebraucht wird. Das Hineinfassen ist für viele Menschen schwierig, weil mit Ängsten besetzt. Sich selbst loslassen, sich dem Unbekannten hingeben zu können, ist nicht leicht, wenn man als Kind allzu viel und streng reglementiert wurde. Da bleibt nämlich die innere Sicherheit auf der Strecke.

Im Kapitel »Ethisches Bewusstsein – Gebote als Empfehlung« haben wir aus dem Buch von Francisco J. Varela die Geschichte vom rechtschaffenen und tugendhaften Mann erzählt (S. 40). Der Rechtschaffene gibt sich Mühe, alles richtig zu machen, er hat die Moralvorstellungen seiner Zeit und seiner Kultur brav auswendig gelernt, muss also jedes Mal auf seinem inneren Korridor eine Weile verharren, um in seinem Hausaufgabenheft zu blättern, in dem die der jeweiligen Situation angemessene Handlungsanweisung steht. Er geht demnach zwar meistens korrekt vor, wirkt dabei jedoch ein wenig umständlich oder gar zwanghaft – im Gegensatz zu dem Menschen, der seiner Spontaneität Raum geben kann, weil er in der glücklichen Lage ist, den Zugang zum Unbewussten offenzuhalten.

Damit sind wir an einem zentralen Thema angelangt. Nicht nur, dass ein Mensch, der seine natürliche Spontaneität zulassen kann, sehr lebendig und liebenswürdig wirkt, bedeutsam hier ist vor allem der Zugang zum Unbewussten. Dort sind neben vielen anderen Kenntnissen, die sich im Laufe der langen Zeit, in der die Kultivierung der Menschheit erfolgt ist, eingelagert haben, auch die ethischen Maßstäbe gespeichert. Konkret: Wir tragen sowohl die entbehrungsreichen Erfahrungen des israelitischen Wüstenvolkes und die erschütternde Gotteserfahrung Moses als auch alles andere, was davor und danach geschehen ist, in uns. Die ganze Menschheit ist letztlich wie eine große Familie, die auf dieselben Erinnerungen zurückschauen und das daraus resultierende Wissen ableiten kann. Es ist gut, sich bewusst zu machen, dass nicht jeder entsprechend große Erfahrungen zu machen braucht, sondern dass wir auf die, welche einigen Einzelnen zugemutet wurden, zurückgreifen können. Falls wir uns gestatten, den Zugang dazu offenzuhalten. Die biblischen Zehn Gebote sind also in jedem zu jeder Zeit abrufbar. Jeder kann zu jeder Zeit wissen, was gerade zu tun oder zu lassen ist. Ohne vorher ein bürgerliches Gesetzbuch oder sonstige Vorschriften zu konsultieren. Der Tugendhafte handelt also unmittelbar, spontan aus dem Wissen des Unbewussten heraus und handelt somit in Übereinstimmung mit der göttlichen Gerechtigkeit, das heißt, er bleibt im Bund mit Gott.

3. Intimität

Dies ist der dritte Bereich, der zur Autonomie führt. Diese Intimität beschränkt sich nicht auf die Sexualität, wie es häufig verstanden wird, sondern meint hier unmittelbare, echte Nähe, die ein Mensch sowohl den liebsten und nächsten Angehörigen als auch letztlich allen und allem anderen gegenüber zulassen kann. Es ist einfach – im wahrsten Sinne des Wortes – eine Offenheit, in die sich der Betreffende selbst ganz hineingibt. Er braucht nichts, hinter dem er sich versteckt, nichts, was er zwischen sich und die anderen stellt. Wobei mit Offenheit nicht gemeint ist, den anderen stets alles mitzuteilen, was man denkt, was in einem vorgeht. Das wäre nur ein unnötiges Geplapper, was den anderen wahrscheinlich schnell auf die Nerven gehen würde. Wenn ich mich nicht scheue, meinem Gegenüber offen in die Augen zu schauen – nicht starren! –, dabei keine Angst habe, dass er etwas sehen könnte, was er nicht sehen soll, wenn ich in der Lage bin, mich einfach so zu geben, wie ich bin, dann bedeutet es, ich bin offen, lasse Intimität zu.

Weil dieser Begriff eigentlich nicht wirklich zu beschreiben, sondern nur zu erleben ist, laden wir Sie an dieser Stelle zu einer kleinen, sehr wirkungsvollen Übung hierzu ein:

Bitten Sie in einer ruhigen Stunde einen Menschen, der Ihnen vertraut ist, sich Ihnen gegenüber hinzusetzen und Sie einfach anzuschauen, ohne dabei zu sprechen. Sie Ihrerseits schauen ihn oder sie auch einfach nur schweigend an. Lassen Sie beide Ihre Blicke nicht unruhig umherschweifen, sondern schauen Sie sich direkt in die Augen. Stellen Sie vorher eine Küchenuhr auf zwei Minuten. Nach diesen zwei Minuten – die Ihnen beiden sehr lang vorkommen können! – fühlen Sie zunächst, auch ohne zu sprechen, nach, wie es Ihnen geht, welche Gefühle sich eingestellt haben. Vielleicht Herzklopfen? Danach tauschen Sie sich mit Ihrem Gegenüber in einem ruhigen Gespräch aus. Und registrieren Sie auch, was Sie in der nächsten Zeit diesem Menschen, der Ihnen schweigend zwei Minuten im offenen Blickkontakt vis á vis gesessen hat, gegenüber empfinden.

Wenn Sie die Übung gemacht haben, wissen Sie, was Intimität ist. Sie wissen dann aber auch, dass es gar nicht so leichtfällt, wirkliche Nähe zuzulassen. Das liegt daran, dass die meisten Menschen die Freiheit, sich offen und direkt zu zeigen, schon in früher Kindheit verloren haben. Im individuellen Schicksal des einzelnen Kindes gibt es verschiedene Ursachen dafür. Doch diese gründen alle auf einer einzigen »Urszene«, die wir auch im Alten Testament finden: Es ist die Geschichte von Adam und Eva, die nach ihrer selbstherrlichen Tat Gott nicht mehr unbefangen und frei in die Augen schauen konnten. Sie hatten sich schuldig gemacht und schämten sich. Gefühle von Schuld und Scham führen dazu, dass Menschen eine innere Wand aufbauen, hinter der sie sich verstecken, um von den anderen nicht in ihrem Beschädigtsein erkannt zu werden. Und hier liegt vielleicht die Antwort auf die Frage, die wir im Laufe unserer Überlegungen immer wieder gestellt haben: ›Was geschieht wann in der Eltern-Kind-Beziehung, dass sie eines Tages nicht mehr so innig und vertrauensvoll ist, wie sie sich zu Beginn, solange das Kind noch ganz klein ist, für beide Seiten anfühlt?‹ Wahrscheinlich geschieht es unmerklich und von vielen Eltern, die ihre Kinder aufrichtig lieben, auch ungewollt, dass die Heranwachsenden sich für irgendetwas schuldig fühlen und beginnen, sich zu schämen. Meistens bleibt diese Dynamik, die sich tief im Inneren – da sie kollektiver Art ist – versteckt, unbewusst. Manchmal erfolgt jedoch aus dieser diffusen Ahnung von Schuldigsein wirkliches Unrecht, was nun die bereits unbewusst vorhandenen Schuldgefühle realistisch erscheinen lässt. Dann gibt es – scheinbar – Grund zum Trotzen, sich aufzulehnen, zu rebellieren – egal wogegen. Oder sich aus Scham von den Eltern und der Gesellschaft zurückzuziehen, ein Einzelgänger oder ein ›Nichtverstandener‹ mit nur geringem Selbstwertgefühl zu werden. Intimität ist aber weder so noch so mehr möglich. Kann der Zugang zu ihr wieder erworben werden? Ja, über eine entsprechende Bewusstheit.

Autonomie

Die Dreiheit von *Bewusstheit / Spontaneität / Intimität* lässt sich zwar getrennt erklären, führt aber nur dann zur Autonomie, wenn sie gut zusammenspielt. Es ist nicht möglich, spontan zu sein, ohne über die hierfür erforderliche Bewusstheit zu verfügen und ohne die Freiheit zu haben, sich unmittelbar und offen zu zeigen. Intimität zu leben, geht auch nicht, wenn ich mir meiner selbst nicht bewusst bin und ich mein Angewiesensein auf den Speicher des Unbewussten, der Spontaneität zulässt, nicht anerkenne. Und echte Bewusstheit führt mich unweigerlich zur Spontaneität und Intimität. Letztendlich geht es darum, anzuerkennen, dass ich fehlbar bin, der Schuld unterliege, aber die Fähigkeit zur Scham entwickelt habe und immer vom Unbewussten abhängig bleibe. Oder anders gesagt: Wenn ich mich dem unterwerfe, dem ich nicht ausweichen kann, der größer ist als ich, nämlich Gott, dann gewinne ich die Freiheit, ganz ich selbst zu sein, keine Angst haben zu müssen, mich dem, was immer gerade ist, einfach hingeben zu können. Dann bin ich autonom. Ich darf Fehler machen, ich darf mich schämen, ich brauche nicht in jeder Situation zu wissen, was hier gerade angebracht ist, ich darf hinfallen, mir auch wehtun, aber ich darf auch wieder aufstehen, mir selbst Trost zusprechen, ich darf fragen, wenn ich etwas nicht weiß, ich darf bitten für etwas, was ich gerne haben möchte, ich darf aber auch Nein sagen zu dem, was mir nicht gefällt, ich darf ehrlich sein, aber manchmal auch Ausreden erfinden, ich darf gehorsam sein, aber auch meinen eigenen Weg gehen. Das alles darf ich, wenn ich bereit bin, mich jederzeit zu verantworten, Antwort zu geben auf Fragen wie: ›Warum hast du so und nicht anders gehandelt?‹, ›Was hast du dir dabei gedacht?‹ Ich kann aufrichtig sein, weil ich bereit bin, die Folgen meines Handelns zu tragen. Insofern ist sich der autonome Mensch selbst Mutter und Vater, Wohltäter und Ankläger, Anwalt und Richter. Nicht weil er selbstherrlich ist, sondern weil er sich dem Höchsten – in der Analytischen Psychologie wird es das Unbewusste oder das Selbst genannt, innerhalb der Religionen heißt es Gott – unterwirft, weil er anerkennt, dass er nicht allmächtig ist, dass nichts und niemand aus sich selbst heraus existiert, dass nichts und niemand unwandel- oder unfehlbar und unvergänglich ist. Diese Erkenntnis, die allerdings keine intellektuelle sein darf, sondern mit einer starken seelischen Erschütterung einhergeht, so wie Mose sie am Berg Sinai erlebt hat, ermöglicht Autonomie, führt zu innerer Freiheit und Freude. Nur durch diese Erfahrung des Ausgeliefert- und Angewiesenseins konnte Mose sein Volk führen. Er konnte autonom werden, weil er ein Bündnis mit Gott geschlossen und so die Sicherheit, die zur Freiheit führt, gewonnen hat.

In der Autonomie gibt es keine Trennung mehr zwischen mir und den anderen, weil ich erkenne, dass wir jenseits des Ich-Bewusstseins, im Unbewussten, in Gott, alle miteinander existieren. Wenn ich erkenne, dass nur das Ich-Bewusstsein, das lediglich willkürlich aufgebaut ist und keinen Bestand hat, bei meinem Tod in nichts zusammenfällt, eine imaginäre Wand zwischen mir und den anderen aufbaut, kann ich meinem Gegenüber angstfrei und offen direkt in die Augen schauen. Nichts bedroht mich, weil nicht wirklich etwas Bedrohliches da ist, wenn ich es nicht in meiner Fantasie erzeuge. In dieser Offenheit kann ich mir alles und alle anschauen. Ob es meine Freunde oder eingebildeten Feinde, meine Geschwister oder meine Eltern, meine Lehrer oder einfach die Nachbarn nebenan sind – in allen sehe ich ohne die imaginäre trennende Wand, die das Ich-Bewusstsein mir vorspiegelt wie eine Fata Morgana, meine eigene innere Welt. Im irisierenden Licht solcher Spiegelungen kann ich, wenn ich dazu bereit bin, meine eigenen inneren Zustände, meine jeweiligen Gefühle, meine Zu- und Abneigungen erkennen. Das heißt, im Grunde schaue ich dem Spiel zu, das ich mit mir selbst spiele.

Insofern ermöglicht mir die Autonomie, mir das Spiel, das ich am liebsten spiele, auszusuchen oder auch einfach nur zu sein und zu schauen, was da ist.

Eine Frage der Ehre – Selbstachtung und Respekt vor dem Leben

Wir sollen, lässt Gott uns durch Mose wissen, unsere Eltern ehren und fürchten. Passt das denn überhaupt zusammen: ehren und fürchten? Kann ich jemanden ehren, wenn ich ihn fürchte? Oder ist es so, dass ich mich nicht zu fürchten brauche, wenn ich ehre? Das Ehren einer Person – oder auch einer Sache – würde mich also vor der Furcht schützen? Ich brauche keine Angst zu haben, wenn ich ehrerbietig bin? Wenn es so ist, liegt es ja an mir, mich zu schützen.

Der zu herrschaftlichen Zeiten übliche Kniefall des einfachen Menschen vor dem Adligen oder der devot dargebrachte ›Diener‹ war nicht nur ein Zeichen dafür, dass der sich bückende Mensch von niedrigerem Rang war, sondern darüber hinaus signalisierte das Sich-kleiner-Machen auch: »Bitte sei gnädig mit mir, betrachte mich freundlich, mit Wohlwollen, denn als der Geringere von uns beiden bin ich auf deine Nachsicht angewiesen.« Es geht demnach bei der Ehrfurcht sowohl um das spezifische Verhältnis als auch um das passende Verhalten in einer hierarchischen Beziehung. Genauer gesagt darum, wer der Geringere ist und was er tun muss, um sich vor der Willkür des Höheren zu schützen. Die Ehrfurcht nützt also in erster Linie dem Kleinen, nicht dem Großen. Erst in zweiter Linie hat auch der Höherstehende etwas davon: Er fühlt sich bestätigt und/oder geschmeichelt – was ihn in der Regel friedlich stimmt.

Die Ehre

Zwischen Eltern und Kind handelt es sich am Anfang um eine hierarchische Beziehung. Die Eltern sind die Großen, die Erfahrenen, sie können schon laufen, sprechen, sich anziehen, alleine essen, sogar lesen und schreiben beherrschen sie. Das Kind dagegen kann zunächst einmal nichts dergleichen, es muss all diese Fertigkeiten erst in mühsamer Kleinarbeit lernen. Vielleicht liegt darin der Grund, dass diese Beziehung zu Beginn friedlich ist. Die Eltern sind zufrieden, dass sie schon über all das verfügen, was das Kind sich erst aneignen muss, sie ›sonnen‹ sich vielleicht in ihren vielfältigen und differenzierten Fähigkeiten.

Doch diese Situation ändert sich, oft schneller als den Eltern lieb ist. Vor allem, wenn sie begabte Kinder haben, können diese sie bald mit Fertigkeiten überflügeln. Die Kleinen sind meistens voller Energie, auch dann noch, wenn die Eltern vor Müdigkeit fast umfallen. Sie sind gelenkiger als die ›Alten‹, springen beim Sonntagsspaziergang leichtfüßig über Bäche und kraxeln auf Bäume. »Schau mal, was ich kann«, rufen sie fröhlich ihren Eltern zu, die sich vielleicht mit ein paar Pfunden zu viel auf den Hüften bergaufwärts quälen. Da kann dann schon einmal Missmut in der älteren Generation entstehen. Später lernen Sohn und Tochter in der Schule Latein, Französisch und höhere Mathematik, während Mutter im Ausland gerade mal das Nötigste einkaufen kann und Vater meint, er hätte früher in der Schule genug gerechnet, jetzt brauche er das nicht mehr. Auch wenn die Eltern stolz auf ihre Kinder sind und sie ermutigen, weiter fleißig zu lernen – »damit ihr es später einmal leichter habt« –, ist die Keimzelle für heimlichen Neid gelegt. Und es kommt noch schlimmer: Die Tochter reift zu einer schönen, schlanken, jungen Frau heran, während sich bei der Mutter nicht nur der Speck ansammelt, sondern auch die ersten Falten und grauen Haare zeigen; der Sohn glänzt mit einem Architekturstudium, während der Vater immer noch als Kranführer arbeitet. Nun ist auch Eifersucht in diese Familie – vielleicht nicht ganz offen, aber doch immer öfter ahnungsweise aufblitzend – eingezogen. Die Respektlatte wird von den Eltern höher gelegt: »Solange du deine Füße unter *meinen* Tisch stellst, bestimme *ich* hier!« Und: »Wenn dir mein Essen nicht schmeckt, dann koch gefälligst selbst!« Und später: »Dann kannst du ja ausziehen!« Jetzt ist es mit der gegenseitigen Anerkennung geschweige denn Ehrfurcht dahin.

Im Gegenteil. Oft schleicht sich in dieser Lebensphase – die einstigen Kinder sind junge Erwachsene, die ehemals jungen Eltern sind ›50+‹ und wissen manchmal nicht mehr so recht, wozu sie eigentlich im Leben noch gebraucht werden oder was noch sinnvoll für sie ist – Furcht vor den stattlichen Söhnen und adretten Töchtern bei den ›Alten‹ ein und sie fragen sich, vielleicht heimlich und leise nachts, wenn sie nicht schlafen können: »Was wird aus uns, was haben unsere Kinder mit uns vor?« Das Bild eines tristen Alterheims kann in ihrer Fantasie schon einmal aufscheinen oder, wenn aus der Ehe die Liebe längst gewichen ist, der Horror einer Hölle zu zweit.

Den erwachsenen Kindern machen diese Eltern auch keinen Spaß mehr, sie finden sie im besten Fall langweilig und zu nichts wirklich Wesentlichem mehr zu gebrauchen oder sie fürchten sich auch davor, diese bald als hemmende Last ›am Hals‹ zu haben. Ehre Vater und Mutter? Schön und gut, aber doch nicht diese Eltern, die so unattraktiv und misslaunig sind, die sich ungefragt in alles Mögliche, was sie gar nichts angeht, einmischen, immer alles besser wissen und stets zum ungeeignetsten Zeitpunkt anrufen oder gar – in nur mäßig gepflegtem Zustand! – an der Haustür klingeln. Welche dann? Welche Eltern können junge, moderne, aufgeweckte, zukunftsorientierte und weltoffene Töchter und Söhne ehren? Vielleicht Mütter, die selbst noch strahlend aussehen und aktiv, fröhlich einer interessanten Tätigkeit nachgehen, oder Väter, die jetzt endlich Motorrad fahren und wenn, dann den teuren Rotwein trinken? Aber nein, solche Eltern auch nicht. Die braucht man

nicht zu ehren, denn sie sind ja selbst noch aktiv im Leben, sie können einem sogar guten Gewissens ›die Schau stehlen‹. Nein, diese Eltern brauchen keine Ehre. Also gut, vergessen wir das Vierte Gebot, es bringt uns nur durcheinander.
Doch wenn wir eine Weile so tun, als schenkten wir diesem Gebot kein Gehör, fühlen wir, dass es so für uns doch nicht stimmt. Wir wollen ja unsere Eltern ehren, aber wir meinen, das geht nur, wenn sie auch ehrenwert sind, wenn sie so sind, wie wir sie uns wünschen. Schließlich sollten wir einst auch so sein, wie sie sich gewünscht haben, dass wir gewesen seien. Wenn sie jetzt mit uns zufrieden sind und wir anerkennend zu ihnen aufschauen können, dann werden wir sie auch ehren. Natürlich gibt es auch diese Eltern, die ihre Kinder mit hingebungsvoller Liebe und Achtung vor deren individuellem Sein gepflegt und ins Leben hineingeleitet haben. Für diese Familien stellt das Vierte Gebot keine Frage dar, für sie ist es eine natürliche Selbstverständlichkeit. Wie jedoch sieht es in den Kreisen aus, die nicht das große Glück hatten, miteinander in Frieden und Freundschaft zu wachsen? Wenn in Eltern aufgrund ihrer Familiengeschichte immer wieder der Impuls durchgebrochen ist, mit ihren Kindern genauso unfreundlich, aufbegehrend, ungerecht, über die Maßen strafend oder jammernd klagend umzugehen, wie sie es selbst erlebt haben? Heißt es nicht: ›Ehre, wem Ehre gebührt‹? Und wem sie nicht gebührt? Was machen wir mit dem? Verachten wir ihn oder sie? Zerreißen wir die Achtung, die wir eigentlich, wenn es nach unserem Herzen ginge, empfinden wollen, diesen Menschen gegenüber? Doch wie fühlen wir uns in so einem Fall? Wenn wir sagen: »Ich verachte meinen Vater und meine Mutter.« Nein, so ein Gedanke lässt kein gutes Gefühl in uns aufkommen. Wir fühlen uns mies, selbst verachtenswert. Denn wie kann ein Kind achtenswert sein, wenn es von Eltern abstammt, die keiner Achtung wert sind? Wo finden wir hier eine Lösung?

Die Furcht

Vielleicht hilft sie uns weiter. Anders als es das Wort »Angst« bezeichnet, hat Furcht mit etwas zu tun, das uns irgendwie unheimlich ist, das uns schaudern lässt, also ein Gefühl in uns auslöst, welches die griechischen Dramatiker zur Katharsis, Reinigung der Seele, verwendet haben (S. 81f.).
Mose hat dieses schauerliche Erschrecken gespürt, als Gott sich an ihn gewandt hat. Neben der Angst, die ein Grundgefühl menschlichen Erlebens ist – Angst sichert das Überleben –, erinnert die Furcht an das ebenso alte »Tabu«. Dieses Wort kommt aus dem Polynesischen und bedeutet »intensiv gemerkt«. Es bezeichnete ein Verbot, bestimmte Gegenstände, die religiös bedeutsam waren, gewisse Tiere, Pflanzen oder Personen – zum Beispiel Herrscher, Priester, Mütter – anzurühren oder zu verletzen. Auch mit einem Tabu belegte Örtlichkeiten durften nicht betreten oder Namen, wie beispielsweise Gottesnamen nicht genannt werden. Welchen Sinn hatte das Tabu? Es sollte die gewöhnlichen Menschen vor dem Außergewöhnlichen – Tiere, Orte, Gegenstände, Menschen – schützen, denn im Außergewöhnlichen vermuteten die Naturvölker, die das Tabu in die Welt brachten, große, geheime Kräfte, die dem, der sie nicht genügend beachtet, sich nicht in angemessenem Abstand von ihnen aufhält, gefährlich werden, ja, ihn töten könnten. Das Tabu sollte also Furcht, genauer Ehrfurcht auslösen, es sollte vor allem den Unterschied herstellen zwischen dem Profanen, dem Gewöhnlichen, und dem Heiligen, dem Außergewöhnlichen.
Hierzu passt auch die Stelle im Alten Testament, in der beschrieben ist, wie Gott dem Mose aus dem brennenden Dornbusch zurief: ›Tritt nicht näher heran! Zieh dir die Schuhe von den Füßen; denn die Stätte, auf der du stehst, ist heiliger Boden.‹

Bevor wir den Transfer zu den Eltern herstellen, laden wir Sie wieder ein, sich auf eine kleine Übung einzulassen:
Setzen Sie sich aufrecht und entspannt auf einen Stuhl oder ein Meditationskissen, schließen Sie die Augen und stellen Sie sich vor, Sie seien wie einst Mose in der heißen Wüste am Berg Horeb und näherten sich einem brennenden Dornbusch. Wie weit gehen Sie ihm entgegen? Versuchen Sie, die Hitze zu spüren. Und achten Sie darauf, welche Gefühle und Empfindungen in Ihnen auftauchen.
Wenn Sie jetzt Mose wären, was würden Sie tun, was sagen, wie reagieren?

Der Sinn dieser kleinen Übung ist, das Heilige, das Tabu erlebnismäßig zu erfassen bzw. sich davon erfassen zu lassen – soweit dies in einer Imagination möglich ist. Denn heute in unserer mehr oder weniger von der Ratio bestimmten Zeit könnten wir sagen: »Was soll noch dieser Unterschied zwischen dem Heiligen und dem Profanen? Wir wissen doch, dass von den Menschen, Gegenständen, Örtlichkeiten usw., die mit einem Tabu belegt sind, keine unerklärlich starken Kräfte ausgehen. Wir können einen Altar oder einen Priester anfassen oder auf einem ›heiligen Berg‹ stehen, ohne zu verbrennen. Was also soll dieser Unterschied?«
Er soll Bewusstheit hervorrufen. Denn nur das, was nicht gewöhnlich, in der Routine des Lebensalltags verläuft, erreicht unsere ungeteilte Aufmerksamkeit und wird in die Bewusstheit aufgenommen. Unsere Welt ist nach dem Prinzip der größten Einfachheit bei höchster Vielfältigkeit aufgebaut. Alles Leben basiert auf ganz wenigen Bausteinen, die sich aber in einer unendlichen Variationsfülle entfalten. Wir sollen für das Selbstverständliche keine unnötige Energie aufwenden, damit wir mit umso stärkerer Aufmerksamkeit das wahrnehmen können, was die Welt so faszinierend und bewundernswert macht. Deshalb hat Gott sich auch für Mose bzw. das Volk Israel dieses ›Event‹ – wie wir heute sagen würden – in der Wüste ausgedacht. Damit eine Bewusstheit geschaffen wurde, die auch nach drei Jahr-

tausenden nichts von ihrer Erinnerung, Lebendigkeit und damit Gültigkeit verloren hat.

Alles in allem: Das Tabu, das Heilige sorgt nicht nur für den Schauder und das Erschrecken, sondern vor allem – dadurch! – für Aufmerksamkeit, die das entsprechend Wahrgenommene ins Bewusstsein schleust und dafür sorgt, dass es dort aufbewahrt wird.

Was hat dies nun alles mit unserer Frage zu tun, wie ein Kind seinen Wert findet, wenn es seinen Eltern keine Achtung entgegenbringen kann?

Es erreicht ihn über die Furcht. Wir erläutern dies:

Die Zehn Gebote sind, da sie in dieser Weise, wie wir sie aus dem Alten Testament kennen, direkt von Gott den Menschen gegeben wurden, heilig. Sie tragen ein Tabu. Wer das Tabu verletzt, erlebt Furcht. Nicht, weil er von einer geheimnisvollen Kraft bestraft oder gar getötet wird, die dem innewohnt, das mit dem Tabu belegt ist, also hier den Geboten, sondern weil er sich bis ins Mark hinein fürchtet. Es erschreckt ihn. Das heißt aus unserer heutigen psychologischen Sicht: Er leidet unter Schuldgefühlen. Und das kann einen aufzehren. Deshalb sagte Gott: ›Ehre Vater und Mutter‹ und ›Fürchte Mutter und Vater‹. Man könnte es so übersetzen: ›Du wirst dich fürchten, wenn du nicht ehrst, was heilig ist.‹ Das heißt nicht: ›Du wirst bestraft.‹ Nein: ›Du wirst Furcht erleben. Aus dir selbst heraus. Weil du spürst, dass es nicht recht ist, wenn du die Gebote übertrittst. Es passiert dir nichts weiter. Du bist nur aus dem Bund mit Gott gefallen. Das ist allein deine Entscheidung.‹

Aber auch Menschen, die nicht an diesen Gott oder irgendeinen anderen glauben, erleben die Furcht des Tabus, wenn sie die allgemein gültige Ethik, die in den Zehn Geboten enthalten ist, nicht achten. Das heißt, erst ab dem Vierten Gebot beginnt die Ethik, die ersten drei Gebote betreffen den Glauben, also die Beziehung des Menschen mit Gott. Am Eingang der mitmenschlichen Ethik stehen mit dem Vierten bzw. im jüdischen Glauben mit dem Fünften Gebot die Eltern.

Nun gibt es in der Tat wirklich Mütter und Väter – wir mussten immer wieder auch darauf hinweisen, weil dies leider eine traurige Realität ist –, die ihren Kindern nichts Gutes getan, die sie gequält und entwertet haben. In diesen Fällen kann man natürlich nicht erwarten, dass diese Kinder ihre Eltern ehren, geschweige denn lieben. Sie können ihnen manchmal auch nicht vergeben. Es geht einfach nicht. Das ist nur zu gut verständlich. Und nun sollen sie auch noch unter Schuldgefühlen leiden, weil sie sich mit Verachtung den Eltern gegenüber schützen müssen? Ist das nicht ungerecht? Ja, das ist es. Enthalten die Zehn bzw. Sieben Gebote der Ethik Ungerechtigkeiten? Das kann im individuellen Fall so sein und die Lösung für diese bedauernswerten Menschen kann vielleicht darin liegen, dass sie über die Furcht vor dem Tremendum, dem Erschreckenden, zur Akzeptanz der allgemeingültigen Ethik finden. Dass ihnen bewusst wird: ›Mein persönliches Schicksal ist so, dass ich meine Eltern nicht ehren kann, denn sie haben mich massiv verletzt, haben mir so unendlich viele Schmerzen zugefügt, haben mich entwertet, zu einem Regenwurm erklärt. Das kann ich ihnen nicht verzeihen. Ich kann sie nicht ehren, so gerne ich dies auch wollte. Dennoch, ich weiß, dass das Vierte Gebot seine Gültigkeit über das persönliche Schicksal hinaus hat. Ich anerkenne die Gebote, weil sie heilig sind. Nicht unbedingt, weil ich an diesen Gott glaube. Doch weil ich ein Mensch bin und für mich die Würde des Menschen an erster Stelle steht, so wie in unserem Grundgesetz. Ich anerkenne nicht nur die weltweit gültige Ethik des menschlichen Zusammenlebens, ich unterstütze es auch. Zum Beispiel, indem ich es meinen eigenen Kindern vermittle oder den Menschen, die zu meinem Leben gehören. Ich will, dass das Zusammenleben aller fühlenden Wesen auf dieser Erde sich verbessert, deshalb stelle ich mein persönliches Schicksal unter die Allgemeingültigkeit der Ethik. Ich kann meine persönlichen Eltern nicht achten, aber ich akzeptiere das Vierte Gebot.‹

So einen oder einen ähnlichen inneren Dialog könnte ein Mensch führen, der um die Achtung, die er seinen Eltern gegenüber nicht empfinden kann, trauert. Diese Trauer aber, der wahrscheinlich zuerst die Gefühle von Wut und Enttäuschung vorangegangen waren, wurde ihm möglich über die Erkenntnis, dass die Gebote, die Mose von Gott erhalten hat, heilig sind. Und dass der Mensch sich fürchten muss, wenn er das Heilige missachtet, das Tabu bricht. So kann auch Furcht ein gutes Gefühl sein bzw. Gutes bewirken.

Noblesse oblige

Dieser Wahlspruch des Herzogs von Lévis hätte sich nicht 200 Jahre lang gehalten, wenn in ihm nicht eine tiefe, moralische Verpflichtung mitschwänge. Nicht nur, dass eine Person von Adel ihrem Stand gemäß erzogen wurde und sich zu benehmen weiß, sondern auch, dass sie sich mitfühlend und großzügig gegenüber den niedriger stehenden Menschen zeigt, lässt sich aus dem Zitat ›Adel verpflichtet‹ herauslesen.
Wer aber ist von Adel? Äußerlich gesehen derjenige, der aus einem besonderen Geschlecht stammt, welches über hohes Ansehen, Besitz und Macht verfügt. Wir sprechen aber auch von Menschen mit Herzensadel, manchmal auch ›Herzensbildung‹ genannt. Dieser Adel interessiert uns, denn diejenigen, die ihn in ihrem Inneren tragen, wissen, was Ehre wirklich bedeutet. Da ist es gleichgültig, ob man seine Eltern oder seine Kinder ehrt, seine Verwandten, Freunde, Nachbarn oder Arbeitskollegen oder wen auch immer. Der Herzensadel weiß, dass er dem Leben mit all seinen Erscheinungsformen verpflichtet ist. Dazu gehören auch unsere Mitgeschöpfe, die Tiere und Pflanzen, dazu gehören selbst scheinbar tote Gegenstände wie der Hausrat, die Kleidung, ja, auch die Maschinen, mit denen wir arbeiten und die uns das Leben in vielen Fällen erleichtern. Dazu

gehört letztlich alles, was wir mit unseren Augen sehen, den Ohren hören, mit den Händen anfassen, den Füßen tasten können, was eine Empfindung oder ein Gefühl in uns auslöst. Weil all das erst das Leben, das wir augenblicklich führen, ausmacht, also zu uns gehört. Für das, was zum Reich des Adligen, vielleicht eines Königs gehörte, hatte dieser auch eine Sorgfaltspflicht. Mögen die einzelnen Herrscher diese ausgefüllt oder vernachlässigt haben, interessiert hier nicht. Wichtig scheint uns, darauf hinzuweisen, dass sie bestand. So wie es verpflichtend ist, dass derjenige, der stark ist und über entsprechende Mittel verfügt, diejenigen beschützt und für sie sorgt, die nicht so reich gesegnet sind. Dass diese ethische Forderung längst nicht überall und genügend erfüllt wird, wissen wir und es betrübt uns. Denn eigentlich ist sie dem Bewusstsein inhärent. Nicht nur dem menschlichen, sondern auch dem einiger Tierarten, das ist heute aus der Verhaltensforschung bekannt. Die Geschichte von Mose, dem Gott die Zehn Gebote aufgetragen hat, beweist es. Sie wäre nicht seit 3000 Jahren im Gedächtnis geblieben und zum die ganze Welt umspannenden Ethos geworden, wenn es sich nicht als ein archetypisches Geschehen in die Seele und den Geist der Menschen, zumindest der in der westlichen Welt lebenden, eingeprägt hätte. Jeder Mensch unseres Kulturkreises trägt in seinem Inneren das Wissen um das mosaische Gesetz, auch wenn er es sich nicht bewusst macht. Doch die unweigerlich auftretenden Schuldgefühle – und seien sie manchmal auch kaum vernehmbar, äußern sich eher in seltsamen körperlichen oder seelischen Symptomen –, die beim Nichtbeachten der Gebote entstehen, beweisen es.
›Adel verpflichtet‹ galt auch für Mose. Er spürte, dass er als starker Mann mit einem ausgeprägten Gefühl für Gerechtigkeit entsprechend handeln musste. Zwar konnte er mit seiner Stärke zunächst noch nicht angemessen umgehen: Er tötete einen Mann – der einen anderen zu seinem Volk gehörenden Mann geschlagen hatte. Doch Gott nahm diese Tat als Beweis dafür, dass Mose über genügend Gerechtigkeitssinn, Mut und

Kraft verfügte, um die Israeliten aus Ägypten zu führen. Hier ist, wir wissen es, auch ein sehr heikler Punkt dieser ganzen Geschichte. Denn sowohl der Auszug aus Ägypten als auch der Einzug ins Land der Kanaaniter verlief für viele Menschen der damaligen Zeit, die in diesen Ländern lebten, schrecklich und blutig. Gott war nicht zimperlich, was Menschenleben anbelangte. Wenn wir das Alte Testament lesen, können wir nicht so tun, als hätte es nur die armen Israeliten gegeben, die gelitten haben und gewaltsam gestorben sind. Doch es steht uns nicht zu, über die Widersprüchlichkeit Gottes zu befinden. Vielleicht ist auch Gott nicht unfehlbar. Doch das berechtigt niemanden, die ethischen Grundregeln zu missachten – sollen wir, ganz verwegen, annehmen, dass sie selbst Gott inhärent waren bzw. sind? An dieser Stelle können wir nochmals einen kleinen Ausflug zu den alten Griechen machen: In der griechischen Mythologie heißt es, dass das Schicksal – es wurde bildhaft als drei weibliche Gestalten beschrieben, die den Lebensfaden eines Menschen spinnen, zumessen und nach gegebener Zeit wieder abschneiden – mächtiger ist als Zeus, der oberste Gott. Selbst er hatte sich dem Schicksal zu unterwerfen.
So gesehen, lässt sich Ethik als Macht des Schicksals verstehen bzw. das jeweilige Schicksal, das den Lebensweg eines Menschen bestimmt, können wir vielleicht aus seinem ethischen Verständnis und Handeln erkennen.

Demut

›Noblesse oblige‹ gilt also für jeden, der sieht, wie ein anderer Mensch leidet. Gleichgültig, ob dieser Mensch jung oder alt, ob er Vater, sie Mutter, ein Kind oder ein Jugendlicher ist. Jeder, der Leiden wahrnimmt, kann, ja muss, in seinem Herzensadel den Impuls spüren, Leiden zu verringern. Niemand vermag es, einem anderen alles Leid zu ersparen, das gelingt selbst

den besten Eltern nicht. »Ich will nicht, dass du Schmerzen hast. Ich will, dass es dir gut geht«, sagen viele Mütter und Väter zu ihren Kindern. Oder die erwachsene Tochter spürt den Wunsch, die Mutter glücklich zu machen, der Sohn möchte dem Vater das Alter so angenehm wie möglich gestalten. Das ist wunderbar, wenn Menschen, groß und klein, alt und jung, so füreinander da sein wollen und auch sind. Aber niemand kann anderen deren eigene Leiderfahrung abnehmen. Dass Schmerzen und Kummer, Einsamkeit und Angst genauso zur Lebenserfahrung gehören wie Wohlbehagen, Glück und Freude, müssen wir einfach annehmen. Und sich dennoch verpflichtet fühlen, für die anderen zu sorgen. Diese paradox anmutende Lebenshaltung lässt sich am besten mit dem Begriff der Demut beschreiben. Ich sehe, dass ich einem Trauernden, zum Beispiel, nicht wirklich helfen kann und dennoch muss ich alles versuchen, was sein Leid lindern könnte.
Zum Thema der Demut im Verhältnis zum Herzensadel führt der Philosoph Josef Pieper Folgendes aus:

»Nichts weist einem rechten Verständnis der Demut so sehr den Weg wie dieses: dass Demut und Hochgemutheit (magnanimitas) einander nicht nur nicht ausschließen, sondern geradezu benachbart und verschwistert sind und beide gemeinsam dem Hochmut wie auch der Kleinmütigkeit entgegengesetzt.«

Das, was wir hier mit ›noblesse oblige‹ meinen, beschreibt Pieper mit dem schönen, alten Begriff der ›Hochgemutheit‹.

»Was nämlich bedeutet Hochgemutheit? Hochgemutheit ist das Sichspannen des Geistes auf die großen Dinge; wer sich das Große zumutet und sich seiner würdig macht, der ist hochgemut. (...) Hochgemutheit will vor allem hohe Ehre; ›der Hochgemute spannt sich auf das, was der höchsten Ehre wert ist‹. In der Summa theologica heißt es: ›Wenn einer auf solche Weise die Ehre verachtete, dass er sich nicht darum sorgte, zu tun, was Ehre verdient, so wäre er zu tadeln.‹«[15]

Und da ist es gleichgültig, ob die Kinder ihren Eltern gegenüber Hochgemutheit zeigen oder die Eltern hochgemut mit ihren Kindern umgehen. Hauptsache ist: sie tun es.

Eltern sind auch nur ganz normale Menschen

Den Schluss dieses Kapitels sollen die Überlegungen einer 14-jährigen Gymnasiastin, Sinhá Waiblinger, machen. Ihre Ausführungen zum Vierten Gebot decken sich unserer Erfahrung nach im Wesentlichen mit denen anderer Jugendlicher heute, die in ganz normalen, gut bürgerlichen Familien aufwachsen:

»Ich glaube nicht daran, dass es die 10 Gebote wirklich gab bzw. denke ich nicht, dass diese von Gott stammen. Wohl eher von einer Person, die viel von Ethik hielt und diese erhalten wollte und deshalb Regeln, nämlich die Gebote, aufstellte. Ich finde es richtig und sinnvoll, die Eltern mit Respekt zu behandeln.
Ich ehre meine Eltern nicht übertrieben. Denn ich finde meine Eltern sind auch nur ganz normale Menschen, die sich eben für mich entschieden haben und genau wussten, worauf sie sich damit einlassen.
Sie kümmern und sorgen sich um mich. Sie opfern ihre freie Zeit für mich und widmen mir ihr Leben, obwohl sie auch egoistisch nur an sich denken und mich mir selbst überlassen könnten. Ich bin dankbar für alles, was sie für mich taten, und das zeige ich ihnen auch. Aber ich bete sie nicht an oder verehre sie.
Man muss wissen, wo die Grenze zwischen Respekt und Unterwerfung verläuft. Wenn Eltern ihren Kindern sagen, sie sollen sich umbringen, denn dies wäre aus irgendeinem Grund besser für sie, würden die Kinder es dann tun? Ich jedenfalls nicht.
Wurde ich deshalb nicht richtig erzogen, weil ich meine eigenen Vorstellungen vom Leben habe und diese durchsetze, auch wenn meine Eltern anderer Meinung sind? Eltern haben nicht immer recht, denn sie sind auch nur Menschen. Oft sehen sie in ihren Kindern sich selbst, als

sie noch jung waren, sehen ihre eigene Vergangenheit und versuchen, in ihren Sprösslingen ihre eigenen unerfüllten Träume nachzuleben. Meine eigenen Vorstellungen und Wünsche vom Leben stehen über den Träumen anderer, auch der meiner Eltern, und das respektieren meine Eltern genauso wie ich sie.
Ich gehorche meinen Eltern auch nur dann, wenn ich ihre Entscheidung einsehe und es für vernünftig erklären kann. Ich finde, ab einem bestimmten Alter weiß man, was sinnvoll ist und was nicht. Ein gewisser Respekt ist jedoch für mich selbstverständlich.
Den gleichen Respekt, den die Kinder ihren Eltern entgegenbringen, sollten diese aber auch ihren Kindern bieten. Denn die Liebe der beiden Generationen beruht gleichermaßen auf Gegenseitigkeit. Liebe, Vertrauen und Respekt sind das Wichtigste in jeder Beziehung. Und das eine funktioniert ohne das andere nicht.
Eine meiner Freundinnen nimmt das Vierte Gebot dagegen ziemlich ernst, denn ihre Eltern erzogen sie in diesem Sinne sehr streng. Sie nimmt die Entscheidungen ihrer Eltern an und befolgt sie, auch wenn sie es selbst nicht immer einsieht und begreift. Doch sie vertraut ihren Eltern und nimmt an, dass sie wissen, was richtig für sie ist.
Ich vertraue mir selbst jedoch noch mehr als meinen Eltern und ihrem Willen. Meine Eltern tolerieren es, wenn ich ihre Entscheidung ablehne und meiner eigenen Intuition folge. Wenn ich dadurch jedoch einen Fehler mache, lerne ich daraus. Ich finde, dies ist wichtig, weil ich sonst nur nach einer »Anleitung« meiner Eltern leben würde. Irgendwann muss man lernen, eigene Entscheidungen zu treffen und selbstständig zu werden. Je früher, desto besser. Denn wenn man dies einmal gelernt hat, kann man den Eltern sogar noch Lasten abnehmen, sie unterstützen und ihnen helfen.
Oft haben die Eltern die Ehre und das entgegengebrachte Vertrauen ihrer Kinder auch gar nicht verdient. Nämlich dann, wenn sie ihr Kind im Stich ließen, es zur Adoption freigaben oder Ähnliches. Oder aber, wenn die Eltern ihr Kind auch nicht mit Respekt behandeln. Schließlich haben Kinder auch ein Recht darauf, eigene Entscheidungen zu treffen. Sie sollten auch geehrt werden, denn sie müssen sich erst noch behaupten und lernen, sich durchzusetzen.«

Wenn die meisten jungen Menschen, die jetzt in unserem Land aufwachsen, ähnlich über das Vierte Gebot denken und danach handeln, können wir davon ausgehen, dass sich die Beziehungen zwischen den Generationen weitestgehend respektvoll gestalten werden. Denn die Kinder von heute sind die Eltern von morgen. Seien wir also optimistisch.

Das Heilige Land

Nun sind wir fast am Ende unserer Reise angekommen. Wir haben sie unternommen, um das Vierte Gebot zu ergründen, und sahen uns dabei in verschiedenen Zeitaltern und Kulturen um. Besonders beeindruckt hat uns natürlich der Mann Mose, der uns ja die Zehn Gebote überbrachte. Wir beschäftigten uns mit ihm, als habe er konkret mit dieser mächtigen Gestalt, die wir aus der meisterhaften Darstellung Michelangelos kennen, gelebt. Hat Mose tatsächlich gelebt? Ist diese Frage wichtig? Ja und nein. Genauso wichtig wie die Antwort: ja und nein. Wir wollen immer wissen, ob etwas ›wirklich‹ ist, ob eine biblische oder eine andere historische Gestalt wirklich gelebt hat. Was meinen wir dabei mit ›wirklich‹? Sind zum Beispiel Engel ›wirklich‹? Ja und nein. Zwar hat noch kein Mensch im normalen Bewusstseinszustand ein menschenähnliches Wesen mit Flügeln und weißem Gewand vom Himmel herabschweben gesehen und dennoch sagen die meisten Menschen, wenn man sie fragt, ob es Engel gibt: »Ja.« Und sie haben recht. Engel, Mose und andere legendäre Gestalten gibt es genauso, wie es Gefühle gibt. Hat schon einmal jemand ein Gefühl auf zwei Beinen durch die Gegend laufen gesehen? Sicher nicht. Dennoch kennt jeder Gefühle, viele verschiedene sogar, feine, mittelstarke und ganz heftige. Sie lassen sich beschreiben, also in Worte oder auch in Bilder fassen, wir können ihnen also einen sprachlichen oder gestalterischen Ausdruck verleihen. Wir tun dies, um uns mitzuteilen, um andere an dem, was uns bewegt, teilhaben zu lassen. Damit besiegen wir die Einsamkeit, die uns verloren machen würde für die Welt. Indem wir uns mittels

Sprache und anderem Ausdrucksverhalten hineingeben in eine Gemeinschaft, beleben wir die Welt, tragen durch Teilhabe dazu bei, dass aus den Einzelnen ein großes Ganzes entsteht. Fragen wir, ob das, was wir innerlich erleben, ›wirklich‹ ist? Nein. Meine Kopfschmerzen sind sehr wirklich und wenn ich mich freue, dann freue ich mich aber wirklich! Genauso wirklich hat Mose gelebt – oder nicht. Was jedoch – ohne Frage! – wirklich, absolut wirklich ist: das sind die Zehn Gebote. Denn die Wirklichkeit aller Menschen ist darauf angewiesen, dass auf ihr Wohlergehen und ihre Würde Rücksicht genommen wird. Nur im friedlichen Miteinander können wir wirklich gut leben.

»... damit du lange lebest in dem Land, das der Herr, dein Gott, dir geben wird.«

Was nun ist mit diesem Land gemeint? Wir können es psychologisch/symbolisch sehen und sagen, es ist damit der innere Zustand des Friedens, der Liebe und Freude, der Weite des Herzens gemeint. Wir stellen uns vielleicht ein Land vor, in dem es warm ist, überwiegend die Sonne scheint und nachts die Sterne hell und klar am Himmel stehen. Überall grünt und blüht es, die Menschen, die sich dort begegnen, begrüßen sich voller Respekt, sind freundlich zueinander und fröhlich miteinander. Es ist wie Urlaub von seiner schönsten Seite. Und wir fragen uns erstaunt, warum nicht alle Menschen, die doch sehr gerne in so ein Urlaubsland reisen wollen, dieses Land in sich tragen, es nicht in sich selbst Wirklichkeit werden lassen. Dann wäre jeder Tag wie Urlaub im sonnigen Süden. Eigentlich noch schöner, denn selbst an den herrlichsten Urlaubsorten ist Freundlichkeit nicht wirklich garantiert. Aber jetzt steht wirklich eine wichtige Frage an, viel wichtiger als die, ob Mose konkret gelebt hat: Warum leben wir nicht wie im sonnigen Süden, freundlich und heiter mit uns selbst und mit den Menschen, denen wir täglich begegnen? Warum lassen wir das ›Gelobte‹ Land – symbolisch gesehen – nicht wirklich Wirklichkeit werden? Warum bleiben wir lieber im missmutigen Alltagstrott? Lebt es sich denn besser mit säuerlicher Miene, verkniffenem Mund und zugeschnürter Brust? Hätten wir mehr Schmerzen und Beschwerden, wenn wir lächeln würden statt grimmig schauen? ›Ich pflanze ein Lächeln‹ ist der Titel eines Buches von Thich Nhat Hanh, dem Zen-Meister, der nicht etwa deshalb lächeln kann, weil er ein von Sorgen freies Leben hat. Im Gegenteil, er setzte sich tatkräftig für die Ärmsten seines Landes, die Flüchtlinge, die Boat-People ein, half mit, sie vor dem Ertrinken zu retten. Ein moderner Mose? Wie sein großer Vorgänger aus der Wüste bringt auch Thich Nhat Hanh Gebote mit: Achtsamkeit und Mitgefühl. Sie wollen heute verstärkt ins Bewusstsein der Menschheit dringen. Die heftigen Emotionen des Gottes, der Moses geführt hat, öffneten das Bewusstsein für die Zehn Gebote, die sich zur weltweiten Ethik entwickelt haben. Das feine, doch nicht weniger starke Gefühl des Mitleidens, welches aus dem achtsamen Gewahrwerden der eigenen Wirklichkeit und der aller anderen erwächst, ergänzt die Ethik und wandelt sie zur Liebe. Ist das das Land – psychologisch/symbolisch gesehen –, das uns gegeben wird, wenn wir in der Beziehung zu unseren Eltern lernen, dass es uns zur Ehre gereicht, wenn wir sie ehren? Oder gibt es noch eine andere Vorstellung von diesem sagenhaften Land? Ja, von dieser Vorstellung haben uns jüdische Freunde erzählt.

»Und nächstes Jahr in Jerusalem!«

›Das Land, das der Herr, dein Gott, dir geben wird‹ ist natürlich Israel, sagen sie, das Heilige Land. »Ganz konkret, Israel?« »Ja, ganz konkret dieses Land mit der heiligen Stadt Jerusalem.« Und deshalb, erzählen sie, lauten die Worte, mit denen man sich nach einem gemeinsam gefeierten Passahfest verabschiedet: »Und nächstes Jahr in Jerusalem!« Was so viel heißt wie: Möge Gott, der Herr, sein Versprechen, uns dieses Land mit dieser Stadt zu eigen zu geben, bis zum nächsten Jahr eingelöst haben. Wird Er sein Versprechen halten? Wahrscheinlich nicht so, wie die vertrauensvollen, gläubigen Juden es sich vorstellen. Vielleicht hat Er ja auch schon getan, was Er gesagt hat: Das Heilige Land, wie viele Menschen unseres Kulturkreises aus einem tief verwurzelten inneren Wissen heraus Israel ehrfürchtig nennen, wird ja von den beiden Söhnen Abrahams, Isaak und Ismael, bewohnt. Sie hat Gott – der Bibel zufolge – zu den Stammvätern der beiden monotheistischen Religionen, dem Judentum und dem Islam, gemacht. Würde es demnach heute nicht darum gehen, dass diese Halbbrüder – sie haben verschiedene Mütter, Sara und Hagar – sich endlich vertragen, ihrem Vater und auch ihrem gemeinsamen Ursprungsgott zuliebe? Hiermit würden sie ihre (Stamm-)Eltern genauso ehren wie Geschwister aus einer Kleinfamilie, die wissen, dass Frieden unter Geschwistern den Eltern sehr wichtig ist. Doch die äußere Realität sieht leider nicht so aus, als werde es bald Frieden geben im Heiligen Land.

Wenn wir also im konkreten Äußeren bleiben, dann wird auch morgen und in den nächsten Jahren noch Krieg sein in dem Land, das einzigartig ist in unserer Welt. Nirgendwo sonst hassen und bekämpfen Angehörige dreier Volksstämme und Religionen, die in einem einzigen gemeinsamen Ausgangspunkt wurzeln, einander so erbittert. Wenn wir diese Situation und ihre Geschichte betrachten, können wir als rationale Menschen, für die wir uns halten, nur den Kopf schütteln und uns fragen: »Kann es denn sein, dass eine vernünftige, praktikable Lösung für Frieden in diesem Land nicht möglich ist?« »Können erwachsene Menschen des 21. Jahrhunderts wirklich noch so verbohrt und halsstarrig sein, hier jeden Friedensprozess zu vereiteln?« »Wie lange soll das noch so weitergehen?« Wahrscheinlich noch sehr lange, wie folgende Episode, die wir in einer Ausgabe der ›ZEIT‹ unter der Überschrift *Die Stimmen von Jerusalem* gefunden haben, zeigt:

»In der Nablusstraße, die durch den palästinensischen Osten Jerusalems zum Damaskustor in den muslimischen Teil der Altstadt führt, liest Amlehs dreijähriger Sohn Aschram einen Betonbrocken auf. Vor dem Damaskustor stehen immer Polizisten und Soldaten. Amleh erklärt seinem Sohn, dass das hier nicht der Ort zum Steinewerfen sei. Das ist für den Knirps schwer zu verstehen. Sein Name bedeutet ›großmütig, tapfer, nobel‹. Sein Vater erklärt ihm sonst doch immer, dass die Befreiung Jerusalems von den Juden über alles gehe.
Sein zehnjähriger Bruder ist Anhänger der Hamas und ›im Widerstand aktiv‹. Tauchen Soldaten in ihrem Viertel auf, werfen er und seine Freunde mit Steinen nach ihnen. Der Vater befürwortet das, denn ›die nationale Würde ist ein höheres Gut als das eigene Leben‹. (...)
Aschram lässt sich den Stein schließlich entwinden. Kurz vor dem Damaskustor steht ein armeegrüner Jeep am Straßenrand. Er läuft hin und tritt ihn mit den Füßen. Dann rennt er auf einen Polizisten zu und spuckt ihm ans Hosenbein. Der Polizist schüttelt nur den Kopf.«[16]

Wo bleibt da die Hoffnung, dass die nächste Generation vernünftiger handeln wird, als es heute ihre Eltern tun? Was ist los mit den Menschen, die in dem Land leben, das von der Stimme Gottes geradezu getränkt sein muss? In keinem anderen Land auf der Welt finden wir Gleichartiges, zumindest ist uns nichts überliefert. Vielleicht sollten wir es doch eher symbolisch sehen.

Stadt des Heils

Die ältesten Siedlungsspuren des konkreten Jerusalem reichen ins 4. Jahrtausend v.Chr. zurück. Auf Tontafeln fand man in sumerischer Keilschrift geschrieben den Namen der Stadt: ›Urusalim‹. ›Uru‹ bedeutet ›Stadt‹ und ›salim‹ meint ›Heil‹, die ›Stadt des Heils‹ also. Dem entspricht, was wir in der Offenbarung des Johannes lesen können:

»Und ich sah die heilige Stadt, ein neues Jerusalem, aus dem Himmel herabkommen von Gott her, ausgestattet wie eine für ihren Bräutigam geschmückte Braut. Dabei hörte ich eine laute Stimme aus dem Himmel rufen: ›Siehe da, die Hütte Gottes ist bei den Menschen!‹ Und er wird bei ihnen wohnen, und sie werden sein Volk sein; ja Gott selbst wird unter ihnen sein und wird alle Tränen aus ihren Augen abwischen ...«

An dieser Stelle schleicht sich ein Gedanke ein: Wer wischt denn üblicherweise die Tränen ab – von den Kindern, den Kranken, den Alten, den Verlassenen und Vergessenen? Von den Müttern, Schwestern, Ehefrauen, Verlobten, wenn die Männer in den Krieg ziehen mussten? Wer tröstet bis zum bitteren Ende die Sterbenden, die Schmerzvollen? Es sind in den meisten Fällen die Mütter – das Andachtsbild der Pieta, der trauernden Maria mit dem Leichnam Jesu im Schoß, zeigt dies besonders eindrucksvoll.

Das neue Jerusalem sei ausgestattet wie eine für den Bräutigam geschmückte Braut. Diese herrliche, wunderschöne Stadt eignet sich sehr gut, die Projektion einer jungen Frau aufzunehmen, obwohl sie schon so alt ist, oft zerstört, geschunden, abgebrannt und immer wieder aufgebaut wurde. Die Liebe der Menschen zu Jerusalem erlosch zu keiner Zeit und das hat einen Grund: Diese Stadt steht wie keine zweite für das, was stets gefehlt hat in der langen Geschichte der Völker, die sich um sie bemühten, die in ihr ihren Platz finden wollten, immer noch um sie kämpfen, nicht müde werden, sich zu versichern, dass sie eines Tages in Jerusalem einziehen und das Passahfest in ihr feiern werden, denn:

»Die Stadt ist ein mütterliches Symbol, ein Weib, das die Bewohner wie Kinder in sich hegt. Es ist daher verständlich, dass die beiden Muttergöttinnen, Rhea und Kybele, beide die Mauerkrone tragen. Das Alte Testament behandelt die Städte Jerusalem, Babel usw. wie Weiber.«[17]

Vielleicht vermag diese Stadt, in der das Grab Abrahams liegt, sich die Opferstätte befindet, auf der Abraham statt seines Sohnes Isaak ein Lamm opfern durfte, in der König Salomo seinen Tempel baute, wo Christus sich vor den Augen seiner trauernden Mutter hingab und von wo aus der Prophet Mohammed auf seinem Pferd Buraq seine nächtliche Heimreise antrat, alle Hoffnungen, alle Sehnsüchte der Menschen nach Frieden, Angekommen- und Heil-Sein aufzunehmen. Weil sie, da so viel Männliches in ihr vertreten ist, heimlich das Weibliche in denen wachruft, die endlich, endlich, nach langer, langer Reise heimkommen, in ihr Land, in ihre Stadt aufgenommen werden wollen. In ihnen schlummert vielleicht das nur halb bewusst wahrgenommene Bild der Mutter, die ihre Arme ausbreitet, sie willkommen heißt, das Mahl zubereitet, den Tisch zum Passahfest deckt, den Wein segnet und das Gebet spricht, in dem es heißt, dass alle Tränen abgewischt werden. Vom großen Mütterlichen, von der Kraft, die so ausdauernd ist, die Mütter am Bett der kranken Kinder sitzen lässt, die nicht müde wird zu trösten und auch zu lachen über die Ungeduld, die schon aufsteigen kann in den Kindern, wenn es lange dauert, bis ein sehnlicher Wunsch in Erfüllung geht.
Vielleicht liegt hier die Lösung, nicht nur für Israel und Jerusalem, sondern für die ganze Welt, dass zusammenkommt, was zusammengehört: zum Männlichen das Weibliche, zum Vater die Mutter. Wenn Eltern wirklich Eltern sind – sorgend, führend, fordernd, tröstend, segnend –, dann können Kinder wirklich Kinder sein, den Geboten der Eltern folgen, sie ehren und immer wieder gerne nach Hause kommen: »Und nächstes Jahr in Jerusalem!«

Doch noch stehen Soldaten in der Stadt und werden auch im nächsten Jahr nicht abgezogen sein. Noch herrscht Krieg. Wir wollen ihn nicht mehr sehen und über ihn hören. Wir haben genug vom Krieg. Vor allem die älteren Menschen in unserem Land sind seiner überdrüssig, werden sie doch damit immer wieder an die Schreckenszeit erinnert, die sie selbst durchgemacht haben. »Sollen wir denn niemals die alten entsetzlichen Bilder loswerden?«, fragen sie und drehen schnell die Seite der Zeitung um oder stellen ein anderes Programm im Fernseher ein. Leider hilft das nicht. Denn nachts kehren sie zurück, die Bilder – mit Macht.

Ein heute 75-jähriger Mann träumt seit vielen Jahren von geschundenen Männern, obwohl er bei Kriegsende in Deutschland erst 14 Jahre alt war. Aber er sah die erschreckenden Bilder der Soldaten an der Front, die so unmenschlich gelitten haben, und die zu Skeletten abgemagerten Menschen in den Konzentrationslagern. Eine heute 68-jährige Frau erwacht manchmal nachts, weil eine Eiseskälte sie durchzieht, sie friert entsetzlich, ihr ganzer Körper zittert, obwohl es angenehm warm in ihrem Schlafzimmer ist. Dann erinnert sie sich an die Tage und Nächte im Flüchtlingstreck und der Spuk hört auf, ihr Körper kann die gespeicherten Empfindungen loslassen. Im Laufe der Zeit kommen die Attacken seltener. Beide, der Mann und die Frau, sind nicht nur zutiefst dankbar dafür, dass es ihnen heute gut geht und sie alles haben, was ihnen ein angenehmes Leben ermöglicht, sondern sie spüren bei diesen nächtlichen Überfällen auch sehr deutlich, stärker, als wenn die Erinnerungen sie in Ruhe lassen, dass sie dazugehören zur großen Familie der Menschheit und zu all den Geschehnissen, die diese Menschheit je erlebt und ausgehalten hat, weiterhin aushalten muss. »Es ist eine Schicksalsgemeinschaft«, sagt Hilde Domin über ihr Judesein. Aber nicht nur die Juden bilden eine Schicksalsgemeinschaft, wir alle sind eingebunden in

das, was von den ersten Menschen an bis heute in der Welt geschehen ist, was sie taten, was ihnen und uns angetan wurde und wird.
Der Junge Andreas, dessen bisheriges Schicksal wir im Kapitel »Liebe, Macht, Gewalt – die Dynamik enger Beziehungen« schilderten, wird sich Zeit seines Lebens an das Trauma in seiner Kindheit erinnern. Und diese Erinnerung wird ihm helfen, ein endlich zufriedenes Leben zu führen, weil durch sie Fragen in ihm wach werden, auf die er Antworten suchen muss und finden wird. Nicht von ungefähr war Sigmund Freud, der das Erinnern zur Seelenkur, also zum Heilwerden, erhob, Jude. ›Zachor: Erinnere Dich!‹, schreibt Yosef Hayim Yerushalmi. Und weiter: »Und doch sieht es so aus, als sei in der hebräischen Bibel das Erinnern ohne Zögern einfach angeordnet. Die Aufforderung, sich zu erinnern, ergeht bedingungslos ...«
Genauso bedingungslos, wie die Zehn Gebote angeordnet sind und wir, wenn wir unser ethisches Bewusstsein festigen wollen, nicht umhin können, uns an sie zu erinnern. Immer und immer wieder. Damit aus der Schicksalsgemeinschaft, die alle Menschen umfasst, eine ›Gottesgemeinschaft‹ werden kann.
Ja, wie war das mit Abraham, mit Mose und den Propheten? Oder: Wie ist das mit Abraham, Mose und den Propheten heute? Auch dazu ein Gedanke von Yosef Hayim Yerushalmi: »Judentum ist für mich Sehnsucht nach irdisch-himmlischer Vergangenheit und Sehnsucht nach Zukunft. Prophetie im Judentum ist nicht Wahrsagerei, sondern Sehnsucht nach Zukunft, die aus der Vergangenheit kommt und von ihr dauernd genährt wird.«
Über »die Kraft des Erinnerns und die Macht der Sehnsucht« schreibt der Schriftsteller Yehuda Amichai als der Essenz des Judentums: »Der Kreuzberg in der Rhön war für meine kindliche Fantasie der Berg Sinai, auf dem Mose die Gesetzestafeln in Donner und Blitz erhalten hatte. Dass ich seitdem den richtigen Sinai bestiegen habe, ändert nichts an der verinnerlichten Wahrheit des Erlebens.«

Die Erinnerung an Mose kann jeden Berg auf der Welt zu einem Ort der Gesetzgebung machen. Jedes Mal, wenn wir einen Berg sehen oder ihn besteigen, kann Mose in uns lebendig werden und uns an die ›conditio humana‹ erinnern. Aus der Erinnerung an das, was die Menschheit im Laufe ihrer Geschichte erlitten hat, erwacht unser Mitgefühl und daraus leitet sich die bedingungslose Aufforderung zum absolut ethischen Handeln ab. Denn nur damit kann eines Tages die ›Schicksalsgemeinschaft‹ auf dem Planeten Erde in das Land einziehen, in dem es ihr wohl ergeht, in dem Respekt, Würde und Liebe die ›Spielregeln‹ des Miteinander bilden.
Wir beenden unsere gemeinsame Reise zum Vierten Gebot mit dem Credo von Hilde Domin:

»Von einer Schicksalsgemeinschaft aber, wie immer sie auch zustande gekommen sei, kann sich der emanzipierte Mensch, der ›befreite‹, nicht drücken, die menschliche Solidarität gehört unabdingbar zu seinem Credo, ohne sie wäre er nichts als ein Objekt der Umstände. Je bewusster emanzipiert einer ist, umso weniger kann er sich drücken. (...) Mit seiner Zwangs- und Schicksalslage solidarisch zu sein (ohne sie wegzulügen, was eine andere Möglichkeit wäre), darin besteht das, was andere Zeiten die Menschenwürde nannten und was auch ich so nenne: das Unverlierbare, ohne das Leben sinnlos ist.«[18]

Erinnern wir uns an das Heilige Land.

Anmerkungen

1 Freud, Moses des Michelangelo, S. 198
2 Freud, Der Mann Moses, S. 104 f.
3 Assmann, Unterscheidung, S. 57 f.
4 ders., S. 80
5 Varela, Können, S. 32 u. 35
6 ders., S. 32
7 Lissner/Rauchwetter, Mensch und Gottesbilder, S. 225
8 Narby, Schlange, S. 148 f.
9 Hüther, Macht, S. 111 f.
10 Thomas Schwarz, Stuttgarter Zeitung, Samstag, 11. März 2006
11 Böttcher, Gott, S. 21
12 Bode, Generation, S. 124
13 dies., S. 176
14 dies., S. 79 f.
15 Pieper, Viergespann, S. 261 f.
16 Reiner Luyken, *Die Stimmen von Jerusalem*, aus: Die Zeit, Nr. 18, 27. April 2006, S. 15
17 Jung, Symbole, § 303
18 Schultz, Judentum, S. 107 f.

Literatur

Adam, Klaus-Uwe: *Therapeutisches Arbeiten mit dem Ich*. Düsseldorf, 2003

Assmann, Jan: *Die Mosaische Unterscheidung oder der Preis des Monotheismus*. © Carl Hanser Verlag, München, 2003

Bode, Sabine: *Die vergessene Generation. Die Kriegskinder brechen ihr Schweigen*. Klett-Cotta, Stuttgart 2004 (zitiert wurde im Text nach der Taschenbuchausgabe, München 2005)

Böttcher, Helmuth M.: *Gott hat viele Namen*. Die Kriegskinder brechen ihr Schweigen. München, 1964

Boszormenyi-Nagy, I./van Spark, Geraldine M.: *Unsichtbare Bindungen. Die Dynamik familiärer Systeme*. Stuttgart, 1981
Die Bibel, übersetzt von Hermann Menge. Stuttgart, 1940
Freud, Sigmund: *Der Mann Moses und die Monotheistische Religion*. GW XVI, Fischer, Frankfurt/M., 1950
ders.: *Der Moses des Michelangelo*. GW X, Fischer, Frankfurt/M., 1950
Hüther, Gerald: *Die Macht der inneren Bilder*. © Vandenhoeck & Ruprecht GmbH & Co. KG, Göttingen, 3. Aufl. 2006
Jung, Carl Gustav: *Symbole der Wandlung*. GW 5, © Patmos Verlag GmbH & Co. KG, Walter Verlag, Düsseldorf, 1973
Lissner, Ivar/Rauchwetter, Gerhard: *Der Mensch und seine Gottesbilder*. Olten, 1982. © bei den Autoren
Meier-Seethaler, Carola: *Ursprünge und Befreiungen*. Zürich, 1988
Narby, Jeremy: *Die kosmische Schlange. Auf den Pfaden der Schamanen zu den Ursprüngen modernen Wissens*. Aus d. Engl. v. Sabine Mehl. © Editions Georg, Genf 1995 ©/© 1998 Jeremy Narby. Klett-Cotta, Stuttgart, 2001
Perrett, David: *Papi ist der Schönste!* In: Gehirn und Geist, 4/2002
Pieper, Josef: *Das Viergespann*. München, 1964 (Neuauflage 2004 unter dem Titel *Über die Tugenden*, Kösel)
Schultz, Hans Jürgen (Hg.): *Mein Judentum*. Stuttgart, 1991
Seifert, Angela: *Jetzt pack ich's an*. München, 2002
Seifert, Ang Lee u. Seifert, Theodor: *Intuition. Die innere Stimme*. Düsseldorf, 2006
Seifert, Ang Lee/Seifert, Theodor/Schmidt, Paul: *Der Energie der Seele folgen. Gelassen und frei durch Aktive Imagination*. Düsseldorf, 2003
Varela, Francisco J.: *Ethisches Können*. Campus Frankfurt/New York, 1994
Von Ranke-Graves, Robert: *Griechische Mythologie*. Reinbek, 1984
Yerushalmi, Yosef Hayim: *Freuds Moses*. Frankfurt/M., 1999
Yerushalmi, Yosef Hayim: *Zachor: Erinnere Dich!* Berlin, 1988
Zink, Jörg: *Die Mitte der Nacht ist der Anfang des Tages*. Stuttgart, 1967